浙江文化艺术发展基金资助项目

PROJECTS SUPPORTED BY ZHEJIANG CULTURE AND ARTS DEVELOPMENT FUND

浙江文化
基因丛书

吴越◎主编

畲乡景宁

景宁文化基因

柳虹羽　徐冰　陈露◎编著

杭州出版社

图书在版编目（CIP）数据

畲乡景宁：景宁文化基因 / 柳虹羽, 徐冰, 陈露编著. -- 杭州：杭州出版社, 2025. 1. -- (浙江文化基因丛书 / 吴越主编). -- ISBN 978-7-5565-2765-6

Ⅰ. G127.554

中国国家版本馆CIP数据核字第202456RG31号

SHEXIANG JINGNING——JINGNING WENHUA JIYIN

畲乡景宁——景宁文化基因

柳虹羽　徐冰　陈露　编著

策　　划	屈　皓
责任编辑	屈　皓
文字编辑	吕　韵
责任校对	陈铭杰
装帧设计	王立超　屈　皓　魏君妮
美术编辑	王立超
责任印务	王立超
出版发行	杭州出版社（杭州市西湖文化广场32号6楼）
	电话：0571-87997719　邮政编码：310014
	网址：www.hzcbs.com
排　　版	杭州立飞图文制作有限公司
印　　刷	天津画中画印刷有限公司
经　　销	新华书店
开　　本	710mm×1000mm　1/16
印　　张	14.5
字　　数	229千字
版 印 次	2025年1月第1版　2025年1月第1次印刷
书　　号	ISBN 978-7-5565-2765-6
定　　价	68.00元

"浙江文化基因丛书"编委会

吴　越　叶志良　贾晓东　陈　明　孙　琳

沈　军　葛建民　缪存烈　乐　波　赵柯艳

王　俊　陆　莹　林华弟　章鹏华　盛雄生

陈贤敏　胡宏波　周　洁　胡凌凌　王军伟

柳虹羽　屈　皓　庄文新

（排名不分先后）

"浙江文化基因丛书"序

习近平总书记指出："支撑5000多年中华文明延绵至今的，是植根于中华民族血脉深处的文化基因。"[①]浙江是中华文明的重要发源地之一，文化底蕴深厚，文化名人辈出。一叶红船从嘉兴南湖驶出，在时代浪潮中驭势而行；沿"唐诗之路"踏歌而行，千古诗篇回响在山水之间；还有良渚文化、宋韵文化、上山文化、黄帝文化、南孔文化、和合文化、阳明文化、丝瓷茶文化、古越文化、吴越文化……这些文化基因，共同铸就了浙江的"根"和"魂"。

2024年3月6日，浙江省文化广电和旅游厅印发《浙江省文化基因激活工程实施方案（2024—2026年）》，这是继2020年浙江省文化和旅游厅印发的《浙江省"文化基因解码工程"实施方案（试行）》《浙江省"文化基因解码工程"工作导则》和2021年8月浙江省文化和旅游厅印发的《建设文化标识推进文旅融合行动计划（2021—2025年）（试行）》之后，为更好担负起新时代新的文化使命，深入贯彻省委十五届四次全会部署，在全省实施的又一项文化基因重大工程。

[①] 习近平：《携手建设更加美好的世界》（2017年12月1日），人民出版社，2017年，第3页。

文化基因解码工程,是文化基因激活工程的坚实基础。文化基因,顾名思义,是指从文化形态切入,厘清其历史渊源、发展脉络、基本走向,从物质、精神、制度要素,语言和象征符号等进行分析、解码所提取的关键知识内核。文化基因解码,围绕中华优秀传统文化、革命文化和社会主义先进文化,按照3个主类、20多个亚类、约100个基本类型分别归档,确保历史年代、地理位置、流布范围等数据均记录在册,挖掘、研究、阐释优质"文化基因",对全省文化资源进行全面梳理。这是一项集"查、解、评、用"于一体的综合性系统工程。全省开展90个县市区的文化基因解码任务,包括文化元素调查、文化基因解码评价、《文化基因解码报告》撰写、证据资料汇总保存建档等,并在此基础上建成"浙江文化基因库"。文化基因解码,起于"查",终于"用"。"查"就是铺开"一张网",广泛收集区域内的文化资源,作为"解"的对象。"解"重在找准四大要素,提取一组基因。四大要素是指物质要素(如原料、工具、环境等)、精神要素(如思想观念、群体性格等)、制度要素(如乡规民约、族规家规、礼节礼仪、表演技艺、创作技法等)、语言和象征符号(如方言、图形、标志、表情、动作、声音等)。通过对四大要素的分解梳理,遴选重点文化元素作为解码对象,从中提取出关键性的知识(技术)点。然后通过对选择的文化基因解码,从生命力、凝聚力、影响力、发展力四个维度进行质量评价。最终用基因塑造IP,以文旅IP开发作品、设计产品,以作品、产品点亮城市生活、赋能乡村振兴。浙江以文化基因为根、文旅融合IP为脉,打造了一条以城带乡、城乡互促的发展闭环,推动文化资源的"活化"利用,把解码成果与提高人民群众生活品质相结合,这就是"用"。以人文之美推动精神之富足,增强浙江高质量发展建设共同富裕示范区的文化自觉。

显然,文化基因是传承和创新的基石。文化基因作为一个社会文化系统的逻辑起点,是一个社会存在和进化、变革和发展的决定力量。文化基因解码就是要把社会文化系统中所表现出来的文化形态、思维方式、行动模式、礼仪符号、风俗习惯等加以还原,揭示其本初原因和底层逻辑。改革开放四十余年来,浙江出现了令人瞩目的"浙江现象",表现为快速的经济增长、蓬勃的发展活力、和谐的社会环境、显著的民生绩效。"浙江现象"源于浙江精神和浙江的文化基因。正确界定、充分挖掘浙江文化的内涵价值,解码浙江的文化基因,对于构建起有效支撑文化建设和旅游发展的"四梁八柱",推动文化建设和旅游发展各项指标持续名列全国前茅,着力建设新时代文化高地、中国最佳旅游目的地、全国文化和旅游融合发展样板地具有重要而深远的意义。

如何寻找突破口?各地在选"码"、解"码"、用"码"的整个闭环中,成立解码专项小组,构建"乡土专家+高校资源+系统人才"三方协作机制,高效推进解码工程。首批编辑出版的"浙江文化基因丛书"中汇集的富阳、南浔、南湖、绍兴、瑞安、平阳、苍南、普陀、岱山、嵊泗、定海、临海、南孔圣地、开化、常山、金华(经开区)、遂昌、云和、景宁、宁波江北等地的研究成果,正是在归纳总结、科学分析浙江文化基因的基础上,探索文化基因解码的方法和路径,同时从人类学、社会学的角度,运用现象学原理,在哲学层面进行解构、剖析,既有理论深度,又能方便应用。丛书勾勒出各地推进文化基因解码工程的概貌。成果本身的内容、方法、转化等，对各地都有很强的示范作用和借鉴意义。

可以说，"浙江文化基因丛书"中的成果，以浙江文化高质量发展为目标，以融合发展为重点，紧扣激活优秀文化基因，以文化基因的挖掘利用赋能文化事业和文旅产业发展，为我省文旅发展再上新台阶、为文化浙江建设贡献了力量。

叶志良
2024年秋于杭州

目 录

前言	001
畲族"三月三"	003
畲族民歌	017
畲族婚俗	031
畲族彩带	047
畲族服饰	061
菇民习俗	075
惠明茶	091
大漆罐	103
畲族银饰	115
马仙信俗	129
畲族体育	143
畲族医药	155
传师学师	169
畲族饮食	183
畲乡山哈酒	199
附录	211
"浙江文化基因丛书"后记	215

前　言

情满景宁，凤凰展翅。今年是全国唯一的景宁畲族自治县成立40周年。《畲乡景宁——景宁文化基因》一书的出版，也为景宁畲族自治县成立40周年献上了一份文化礼物。别具风情的中国畲乡，虽历经迁徙艰辛，但畲族歌舞、服饰、语言、习俗、医药等畲族传统文化基因的传承和发展良好。畲族民歌、畲族"三月三"、畲族婚俗还被列入国家非遗，"中国畲乡三月三"被评为"最具特色民族节庆"。

景宁是浙江高质量发展建设共同富裕示范区第二批试点地区之一，是全国民族团结进步创建示范区、中国民间文化艺术之乡。景宁是忠勇担当的红色畲乡，忠勇精神是畲族的宝贵财富，"忠勇王"的故事激励着一代又一代的畲家儿女。曾志等老同志对畲族群众的革命贡献给予高度评价，1988年省政府授予景宁"革命老根据地县"称号。

景宁畲乡民众用勤劳的汗水表达了对大山的赞美和祝福，创造了丰富灿烂的畲乡文化。通过挖掘梳理景宁的文化基因，激活畲族文化基因进行广泛的文旅应用，持续推动文旅深度融合。景宁以民族团结、文旅共富为指引，让更多的人感受景宁美丽的畲乡风情，见证"诗画畲乡·生态景宁"的魅力。

我们对全县各类文化基因的产生年代、地理位置、基本类型、保护情况、稀有程度、载体形式、实体规模、基因保存情况等信息做了较为全面的整理，完成了文化元素调查入库。围绕"畲族三月三"持续推进文化基因激活利用，深入挖掘畲乡文旅资源，完善旅游基础设施建设，打造畲乡主题IP和拳头产品，着力建设新时代美丽畲乡和长三角知名的旅游目的地。发展畲乡文创产业、畲乡书房、畲乡民宿等一批文旅项目，突出畲乡文化特色，将"畲族三月三"打造成为具有国际影响力的节庆文化活动。推出"畲乡风韵"精品旅游路线，串联畲乡各景点，形成融山地休闲、畲乡文化体验于一体的文旅精品旅游线路。开发系列文创产品，实现"山哈"系列旅游产品迭代升级。通过旅游演艺＋精品文创，打造畲乡文化新时尚，合力激活畲乡文化基因，增强畲乡文化张力。

讲好景宁故事，奋进新时代，建功新征程。今后将持续加强景宁优秀文化基因的辐射力、影响力，做好向社会公众和青少年群体的文化基因活态传递。积极探索文化引领发展新路径，用文化基因的创造性转化、创新性发展全面激活畲乡文化的时代价值，为景宁的文旅深度融合发展做贡献，助力景宁打造成为中华民族共同体意识先行示范区。

柳虹羽

二〇二四年五月

畲族『三月三』
畲乡景宁　景宁文化基因

畲族"三月三"

"三月三"是畲族的传统节日，每年在这一节日里，畲族群众都会举行盛大歌会，祭祖先拜谷神，吃乌米饭。"三月三"的来历众说纷纭，大致有乌饭节、"三月三"歌节、上巳节三种说法。乌饭节出于驱害避虫、缅怀祖先、祈告丰收、悼念英雄等目的，以家庭为单位于每年农历三月初三共同食用以乌捻汁染黑的糯米做成的乌米饭。"三月三"歌节源于一个美丽的爱情传说，体现了畲族人们以歌为媒的婚恋习俗。上巳节据考证为上古时代流行于华夏地区的节日，祭祀、令会男女、踏青郊游是上巳节的主要习俗内容。"三月三"早期的风俗习惯为吃乌饭、对歌以及扫墓祭祖，其主要社会功能为祭祀酬神、男女婚恋、加强血缘与族缘联系。

景宁畲族自治县成立之前，畲族各民族地方延续自己的生产生活方式，所在社区相对封闭，"三月三"民俗活动保留传统特色；景宁畲族自治县成立至21世纪初，以行政手段建构畲族认同，大力推动"畲族三月三"文化活动，以促进地方经济发展。2001年以来，景宁"畲族三月三"节庆活动逐步走上常规化、档次化之路，并成为了"展现畲乡风采，展示畲族文化，提升景宁形象"的民族活动盛会，在国内具有一定的影响力。

2006年，景宁举行主题为"展现畲乡风情、发扬畲族文化"的中国畲乡"三月三"暨景宁乡村旅游展。县委、县政府提出品牌化、档次化要求，将景宁原有的文化节、风情节、"三月三"整合成"中国畲乡三月三"。同时，统一节徽、节旗。经过多年发展，"中国畲乡三月三"节庆活动不断丰富，并融入婚嫁表演、茶艺展示、彩带编织、传统体育、畲服设计大赛等畲族非遗活动和两岸同心树、畲乡风情摄影展等现代文化活动内容。如今，"中国畲乡三月三"节庆活动已成为民族文化盛典、群体文娱活动载体、畲族文化艺术展台、景宁旅游节庆品牌和文化旅游"金名片"。"中国畲乡三月三"节庆活动促进了各民族间的交流交往交融，铸牢了中华民族共同体意识，巩固了各民族团结奋斗的局面，凝聚了各族同胞的智慧力量，促进了景宁经济社会各项事业加快发展，为贯彻落实高质量绿色发展战略作出了贡献。2008年，畲族"三月三"被国务院批准列入第二批国家级非物质文化遗产代表性项目名录。

一、文化元素分解

（一）物质要素

1. 内涵丰富的乌米饭

畲族"三月三"又称乌饭节，节日主要活动是家家户户做乌米饭、吃乌米饭、赠乌米饭，故乌米饭是畲族"三月三"的典型标志物。乌米饭外观色泽乌黑发蓝，视之有油光，吃起来香软可口。从功能上看，乌米饭营养丰富，能起到开脾健胃、祛风解毒、防蚊叮虫咬等功效。乌米饭易储存不易腐坏，置于通风或阴凉处，数日不变质。乌米饭具有丰富的文化内涵，关于乌米饭的传说丰富而生动，有十几种之多，如三月初三为米谷生日，畲民要给米谷穿上衣服，涂层颜色，祈求丰年平安；"三月三"虫蚁大作，畲民吃了乌饭，上山下地不怕虫蚁叮咬，干活格外有力气；畲族祖先龙麒爱吃乌米饭，其子孙便以此做祭祀供品；畲民为纪念畲族英雄雷万兴，染食"乌饭"以示悼念；明代倭寇从畲村过境，不知道乌饭为何，视畲民为奇人奇物而逃之夭夭。

2. 精华荟萃的文化器物

为庆祝畲族传统节日"三月三"，畲民往往会举办祭祖大典、盛大的盘歌会、传统婚嫁表演、传统体育活动、饮食宴会，畲民穿畲衣戴银饰，唱畲歌跳畲舞，购畲族特色产品，热闹非凡。活动用到大量经典的民族特色器物，成为畲族"三月三"的文化元素识别物。文化器物包括历史感厚重的祖杖，畲族服饰、彩带、凤冠、银饰，畲族体育项目摇锅、问凳、操石磉、打尺寸等所用的运动器材，畲族婚嫁用的凤凰头饰、凤凰装、圆镜、喜牛、龙凤喜烛、桂圆、五谷种子、红布袋等用品。

3. 特色鲜明的中国好"畲品"

随着经济社会发展，"中国畲乡三月三"节庆活动出现许多新开发的畲族主题产品，如1915年获得万国博览会金奖的惠明茶，具有浓郁民族特色和品牌特征的畲乡山哈酒，色彩浓重、内容质朴、令人耳目一新的畲族民间绘画，"景宁600"品牌特色农产品以及利用生态农产品开发的文旅商品，每逢岁时节令、重大喜事用以盛情款待宾客的畲乡特色菜肴畲家十大碗、畲乡十小碟以及畲家十药膳等。这些产品充分利用景宁良好的生态环境，运用现代生产技术，注入底蕴丰富的畲乡文化，设计了良好的视觉识别系统，已成为当代畲族文化特色器物元素。

（二）精神要素

1. 延续千年的民族情感

畲族自古便是山地游耕民族，经历数百年向汉族地区大量地迁徙，形成了当下"大分散、小聚居"的分布格局。在长期的迁徙移居生活中，畲族人民坚持生活在山区，拥有自己的民族语言，具有相似的生活模式，在复杂多变的历史长河中恪守民族传统，在政治、经济、文化、风俗等方面形成了自己的特点。"三月三"是畲族重大的传统节日，畲民在此节日举办祭祖大典、缅怀共同的祖先和向神灵祈告丰收；年轻男女举行大型的盘歌会，自主自由恋爱成婚。"三月三"已经成为畲族自我身份认同，加强团结合作，增进民族情感的纽带和平台。

2. 自由热烈的爱情观

畲族是一个以善歌著称的少数民族，畲乡被称为"歌的海洋"：畲民相遇，唱歌问候；喜庆节日，以歌相贺；男女相恋，以歌为媒。男女对歌是畲族"三月三"中的重要内容之一，源于一个爱情传说：清朝康熙年间，雷日新与蓝月华在三月初三因对歌相恋，为通过女方父母的考验，雷日新连续四年的三月初三找蓝月华以歌传情。此后，畲民将每年的三月初三作为对歌节，以此来纪念雷日新与蓝月华真挚的爱情。对歌节中，年轻男女自由对歌，自由选择中意情人，体现了畲民自由热烈的爱情观。

3. 崇尚忠勇的英雄观

多数畲民居住在高山偏远地区，交通不便，生存条件艰苦，十分崇尚忠勇精神。畲族"三月三"吃乌米饭的一个意义，便是为了祭祀忠勇的畲族英雄雷万兴。据传，畲族英雄雷万兴曾被关进牢房，其母给他送饭，但都被同牢犯人所食，其母遂将饭染成黑色送去，其他犯人怕中毒不敢食，雷万兴终于吃上饭。后来雷万兴率领畲兵抗击敌兵，被围困在大山里，粮食断绝，最终以乌饭果充饥并取得胜利。雷万兴回军营后，连鸡鸭鱼肉都感乏味。时值三月初三，他想吃乌饭果，吩咐兵卒出营采摘，但因果树尚未开花，只带些乌饭叶子回来，叶子和糯米一起炊煮，便成味道极好的乌饭。后来人们"三月三"蒸乌饭，世代相传成风俗。

（三）语言和象征符号要素

1. 节庆品牌符号——"中国畲乡三月三"

经过多年的努力打造，景宁已成功塑造"中国畲乡三月三"这一节庆品牌符号。"中国畲乡三月三"是畲乡景宁的民族节庆，也是国家级非物质文化遗产项目。自1984年设县以来，景宁畲族自治县县委、县政府高度重视"三月三"节庆的举办和提升工作，统一使用"中国畲乡三月三"节庆品牌，将其作为展示民族文化、彰显文化自信、增进民族团结的重要载体。2012年"中国畲乡三月三"荣获全国"最具特色民族节庆"称号，2016年景宁县被授予"中国品牌节庆示范基地"，2017年景宁荣获全国"最具魅力节庆城市（地区）"奖，2018年景宁成功承办了第七届中国民族节庆峰会，2019年景宁成为唯一与中国节庆专委会建立战略合作单位的地方。这意味着畲乡人民多年倾力打造特色民族文化品牌得到了权威部门的高度肯定。如今，"中国畲乡三月三"已成为提升景宁知名度和影响力的重要平台和具有较大市场影响力的节庆品牌。

2. 典型图谱形象——龙麒、凤凰

畲族崇拜龙麒和凤凰，这在畲民"三月三"祭祖大典活动所用器物、畲民穿戴凤凰装等方面都可体现出来。

畲族古老的"龙麒传说"是神话文本与历史文本的智慧结合，是畲族英雄祖先的神话传奇，它千百年来贯穿于畲族的口头表述、谱牒书写、祭祀祖杖、图腾崇拜、仪式习俗中，因而"龙麒传说"被称为畲族镇族之宝。尤为特殊的是，"龙麒传说"被编入畲族族谱中，从世系上予以确认"龙麒"的族源始祖地位，由此"龙麒传说"成为了畲族文化最典型、最富特色的图腾文化。凤凰崇拜在畲族传统习俗中表现为诸多文化事项，如畲族妇女喜扎"凤凰髻"，衣饰为"凤凰装"，婚礼中取"凤凰蛋"，并在厅堂中贴"凤凰到此"的横批，祖居地为"凤凰山"。由此可见，凤凰崇拜在畲族社会生活中的重要性不容小觑，和龙麒崇拜一样，曾经是畲族祖先崇拜的另一种表现形式。

3. 典型节日标识物——乌米饭

随着经济社会的发展，畲族"三月三"节庆活动中出现的器物和内容都在不断发展、更新迭代，而具有丰富内涵寓意的乌米饭自诞生起，就一直是节日不可或缺的元素。时至今日，乌米饭仍然被广大畲族群众所钟爱，是畲族"三月三"的典型标识物。畲族乌米饭的制作不同于汉族之处在于使用了畲山上的乌稔树叶子。首先将乌稔树叶放置在石臼中，将其舂碎，并转移至布袋中对其进行存储。之后将整个布袋放置在铁镬里，同时向铁镬中加入适量水进行加热，直至水的颜色变黑为止。再打开布袋去除叶渣，将糯米放置在熬制好的黑汤中。数小时后，将糯米转移至木甑中蒸熟。通过上述方式所制作出来的乌米饭，呈现出乌黑发蓝的颜色，味道香软。

（四）规范要素

1. 推陈出新的节庆内涵

畲族"三月三"由单纯的驱邪避恶和求福祈福向求团结、求美、求发展的复合性经济文化方向转换，渗透进政治、文化、经济等领域。如"弘扬优秀传统文化·发展区域特色经济"、"展示畲乡风情·发展旅游经济"、"弘扬畲族传统文化·推进畲乡经济发展"、"走进畲乡山水·亲历民族风情"、"展现畲乡风情·发扬畲族文化"、"和谐畲乡·欢乐畲乡·特色畲乡"等节庆主题与地方经济文化密切相关；"弘扬畲族文化·增进民族团结"、"畲乡三月三大联欢共庆建党九十年"、"牵手新畲乡·相拥两岸情"、"两岸同歌·激情畲乡"等节庆主题具有政治内涵。2019中国畲乡"三月三"以"古老风情的奇妙体验"为主题，为新中国成立70周年献礼。2021年中国畲乡"三月三"的以"颂歌百年·情满畲山"为主题，为建党100周年献礼。

2. 逐步多元的参与主体

畲民以前生活在相对封闭的社区内，延续着自己的生活方式，民风民俗保留传统特色，以家族为单位"祭祖"和以家庭为单位"吃乌饭"，参与者均为族内人和家庭成员。1984年浙江景宁畲族自治县建立，政府参与到建构畲族认同、推动畲族文化发展中来。为突出景宁畲族特色，打造"中国畲乡"地域品牌，政府高度关注畲族文化元素提取和表达，有意识地发掘和整合畲族民间习俗与文化艺术，成为畲族"三月三"发起者和组织者。1994年9月，景宁组团代表浙江省参加了日本福井县举办的"环日本海国际民间艺术节"，使畲族文化在国际舞台得以展示，并在海外受到关注。如今政府主导、多方参与、企业市场化模式逐步走向成熟，相关媒体、企业、专家、外地游客也不断成为畲族"三月三"的重要参与主体。

3. 不断丰富的节庆内容

早期畲族"三月三"的主要内容是对歌、吃乌米饭和祭祀活动，发挥着婚恋、联系血缘和族缘关系、祭祀酬神等功能。现在畲族"三月三"加入歌颂现代化和改革开放变化等具有时代气息的内容，如中国好畲"品"——景宁600产品、畲乡特色文旅产品，中国好畲"茶"——"惠明茶文化周"暨第七届金奖惠明茶"斗茶"大赛，中国好畲"艺"——畲族特色民俗文化展示活动，中国好畲"画"——"敕木山"畲族民间绘画作品展，中国好畲"剧"——畲族旅游风情剧《印象山哈》展演，中国好畲"味"——"畲家十大碗""畲乡十小碟""畲家十药膳"网络订餐推广活动等，活动内容十分丰富，异彩纷呈。

二、文化元素核心基因提取与评价

畲族"三月三"核心基因提取包含以下几个方面：一是畲族人民延续千年，对本民族的强烈认同感和深厚的民族情感；二是男女自由平等，美好热烈的爱情观念；三是对忠义勇敢的崇尚，对忠勇英雄的崇拜。

畲族"三月三"文化基因评价表

评价项目	评价因子	评价依据（特点）	是否
生命力评价	文化基因存续的时间	自出现起延续至今，未曾明显中断	√
		自出现起延续至今，但多次衰微、中断后复兴	
		曾明显衰败，改革开放后开始复兴或历史溯源关键环节缺失，难以考证	
		文化形态主体已灭失，现存部分痕迹	
	文化基因的稳定性	在发展过程中保持相当稳定的状态	√
		在发展过程中存在明显的精神内涵、表现形式剧变	
凝聚力评价	文化基因的凝聚力及社会动员效果	曾广泛凝聚起区域群体的力量，显著推动过社会经济文化的发展	√
		曾部分凝聚起区域群体力量，对社会经济文化的发展产生过影响	
		凝聚过力量，创造过实际的发展动能，但未见对社会经济文化发展产生显著改变	
		仅在历史文献或口耳相传中存在，未见实际介入社会经济发展	

续表

评价项目	评价因子	评价依据（特点）	是否
影响力评价	辐射的范围	具有全国性、世界性的影响力	√
		具有长三角区域、浙江省影响力	
		具有市县、乡镇影响力	
	提炼的高度	已经被古代文人士大夫和当代学者提炼为精神符号和理念理论	√
		单纯的样式、造型、工艺技术规范	
发展力评价	与当代精神追求和价值观念的契合	传统文化基因得到创造性转化、创新性发展；区域革命文化基因被完整继承、广泛弘扬；区域社会主义先进文化基因成为与浙江"三个地"相适应的文化高地	√
		部分转化、部分弘扬、部分发展	
		难以转化、难以弘扬、难以发展	

说明：基因特点评价是对解码出来的基因，根据本《导则》表2的要求，围绕"四个力"逐一对表打"√"，进行定性表述

（一）生命力评价

"三月三"是南方诸多少数民族的传统节日。在农历三月初三，畲族、苗族、壮族、侗族、土族、布依族、瑶族、彝族、白族、黎族等都会举行内涵各异、独具民族特色的庆祝活动。"三月三"自出现起延续至今，已经延续上千年，具有稳定的文化内核，并已形成强大的民族记忆，且在发展过程中保持相当稳定的状态。在经济文化社会高度发展的现代社会，人们对各种文化持更加包容的态度，加之不同文化之间的相互融合、相互借鉴、相互学习，使得"三月三"具有更加强大生命力，能在很长时间内得到保持和发展。

（二）凝聚力评价

我国畲族人口70多万，主要分布在闽、浙、赣、粤、黔、皖、

湘七省的80多个县（市）的山区，其中90%以上居住在福建、浙江。得益于共同的祖先崇拜和族群认同，千百年来，畲民虽然一直过着迁徙游耕的生活，经历各种恶劣的历史环境，但始终团结一致，不断拓展发展空间。"三月三"是畲族的传统节日，具有广泛的群众基础，对畲民意义重大。畲民把它作为增强民族团结、增进民族感情，强化民族身份认同与识别的纽带和平台。在节日期间，畲民家家户户自发祭祀祖先，做乌米饭、吃乌米饭，举办对歌会。畲族"三月三"广泛凝聚了区域群体力量，推动社会经济文化发展，具有极大的凝聚力。

（三）影响力评价

景宁畲族自治县建立后，政府参与到建构畲族认同、推动畲族文化发展中来。2012年"中国畲乡三月三"荣获全国"最具特色民族节庆"称号，2016年景宁县被授予"中国品牌节庆示范基地"，2017年景宁荣获全国"最具魅力节庆城市（地区）"奖，2018年景宁还成功承办了第七届中国民族节庆峰会，2019年景宁成为唯一与中国节庆专委会建立战略合作单位的地方。2020年包括景宁在内的浙江省多地以云直播形式共同举办的"三月三"畲族风情节，其浏览量多达3422万，畲族"三月三"的影响力不断扩大。

（四）发展力评价

畲族"三月三"历史底蕴深厚，具有强大的生命力。景宁县委、县政府高度重视畲族"三月三"的举办，将其作为展示民族文化、彰显文化自信、增进民族团结的重要载体，不断推动"三月三"发展。2005年景宁"三月三"的活动核心内容开始与旅游发展相融合。2006年景宁修改完善了《景宁畲族自治县自治条例》，增加了促进畲族文化加快发展的内容，并出台《关于进一步加强少数民族工作的若干意见》《关于发展畲族文化产业的若干规定》《关于民族文化发展专项基金筹措及使用的意见》等一系列促进畲族文化产业发展的制度条例。在政府主导、市场运作、多方参与下，畲族"三月三"不断拓展边界，发展力显著提高。

三、文化元素核心基因保存

畲族"三月三"保护和展示场所众多，景宁畲族博物馆是"三月三"最重要的场馆之一，陈列大量畲族"三月三"相关的畲族传统器物、视频、图片和文献资料。景宁畲乡之窗、千年山哈官、凤凰古镇、"三月三"广场、特色文化小镇、中国少数民族特色村寨、畲族祠堂、民间博物馆和系列畲族风情演绎中心等也是畲族"三月三"的重要展示场所。畲族"三月三"保护措施有力，先后出台《景宁畲族自治县民族民间文化保护条例》《全国畲族文化总部发展规划（2014—2024）》等文件，坚持优势聚合、产业竞争、传承创新、品牌辐射"四力齐发"，发挥聚合、引领、示范、辐射"四大功能"，实施"八大工程"，加快推进全国畲族文化总部建设和加强畲族"三月三"的文化保护。

畲族"三月三"研究成果丰硕，《浙江省少数民族志》《景宁畲族自治县民族民间艺术资源普查工作资料汇编》等著述中均有关于畲族"三月三"的相关记载。代表性学术论文有《畲族传统节日"三月三"的传承与创新》（浙江日报，2018），《嵌入理论视野下的民俗节庆变迁——以浙江省景宁畲族自治县"中国畲乡三月三"为例》（西南民族大学学报，2010），《"中国畲乡三月三"旅游节庆运营模式创新研究》（浙江旅游业创新与发展论文集,2008),《景宁畲乡"三月三"海峡两岸情意长》(中国民族,2008),《畲乡"三月三"》(浙江人大,2002)。

畲族民歌

畲乡景宁 景宁文化基因

畲族民歌

畲族民歌，源远流长，是畲族人民在漫长的社会和生产实践中形成的口头文学，是畲族人民精神、思想、感情的结晶。畲族民歌以歌代言，被赋予"歌言"的独特称谓。畲族只有语言，没有文字，许多有关畲族的历史、传说、故事，都以民歌的形式流传下来。畲族民歌历史悠久，正如畲歌所颂："水连云来云连天，畲家唱歌几千年"。畲民在劳动生产、接待客人、谈情说爱、嫁娶喜事、逢年过节、丧亡葬事等场合以歌为乐、以歌叙事、以歌抒情，甚至以歌代哭。畲乡素有"歌的海洋"之称，畲民长夜盘歌，每每通宵达旦，历数日夜不衰。

畲族民歌反映了畲族人民各个历史阶段的政治、经济、思想和畲族风土人情。解放前，畲族人民常常以民歌与统治阶级作斗争，表达了对统治阶级的憎恨和对美好生活的追求。解放后，畲民用民歌歌颂中国共产党的好领导，歌颂社会主义新生活，反映畲民畲村新面貌。改革开放以来，畲民用民歌歌颂党的好政策，歌唱祖国和畲村的巨大变化。畲民通过民歌抒情、泄愤、悼念，通过民歌宣传科普知识和立身处世的伦理道德，通过民歌认识汉字、学习文化。畲族民歌内容丰富、种类繁多，有叙事歌、风俗歌、劳动歌、时令歌、小说歌、革命歌、儿歌、杂歌等。畲族民歌演唱形式多样，拥有独唱、对唱、齐唱等演唱形式。

千百年来，畲族民歌成为了畲族人民世代流传的口头文学，是畲族文化的重要组成部分，其文化与音乐的传承主要靠口传心授。民歌被畲家人视为传家之宝，畲民有颂："歌是山哈传家宝，千古万年世上轮"。畲族民歌是畲民的智慧结晶，是畲族文化之明珠，也是我们研究畲族文化的重要依据。

一、文化元素分解

（一）物质要素

1. 精致耐用的辅助器具

畲族民歌是畲民叙事、抒情的重要形式，在祭祀、婚庆等特定场合经常用一些器具加以辅助。畲族民歌辅助器具主要有龙角、唆板、灵刀、震铃、手炉、交杯等。这些辅助器具大多就地取材，制作材料包括动物角质、植物板材、金属材质等，制作工艺简单朴实而不失精致。畲族民歌辅助器具经久耐用，代代相传，反复利用。

2. 简便自然的歌唱着装

畲族民歌按题材内容大致可分为叙事歌（含神话传说歌和小说歌）、杂歌（含爱情、劳动生活、传授知识、伦理道德、娱乐生活等内容）、仪式歌（含婚仪歌、祭祖歌和功德歌等）。畲族民歌歌唱活动，着装相对自由，在日常生活中的畲歌对唱中着装从便从简、无拘无束，仅在祭祀时对演唱者服装有一定要求：师公头戴香火帽、穿乌蓝服装，师公弟子头戴神额，入门弟子穿赤裳。

3. 迥然不同的歌唱环境

唱民歌是畲族人民劳动和生活中一种最为重要的文化活动形式，男女老少，人人善歌。畲民以歌代言，以歌论事，针对不同叙事主题和发生事件，畲族歌唱环境大相径庭。哀歌一般在丧事场所演唱，歌唱环境带着哀伤氛围；喜歌一般在婚事场所演唱，歌唱环境活泼喜庆；祭祀一般在法场演唱，歌唱环境庄重严肃。畲族民歌形成了劳作对山歌、"三月三"歌节、来客盘歌、婚庆喜歌、祭祀颂歌、丧葬哀歌的歌俗。歌俗的主办方依据不同的主题环境，邀请特定的歌唱者营造唱歌氛围。

（二）精神要素

1. 随机应变的演唱能力

畲族民歌尽管有固定的唱本，但在口头流传的过程中，经过成百上千个传唱者不断地增删润色、变化加工，形成具有思想深刻、艺术完美、内容凝练的独特风格。畲族民歌延绵不断的秘密在于其变化中的衍生，表演者在演唱时具有很强的即兴性，根据不同的情景在固有的唱本上进行不断的加工变化。景宁畲族民歌传承人蓝陈启说："要唱好畲族山歌，必须要有随机应变的能力，每一条山歌都是不同的，需要一定的变化。"畲族民歌的精髓在于"变"，这个"变"体现了畲民扎实的歌唱基础和随机应变的演唱能力。

2. 直率自然的情感抒发

畲族民歌就是畲民用"歌"的形式把个人的精神依托、内心的思想情感、日常的生活琐事直白地表达出来，忠勇、诚信、率真、乐观的民族性格使畲族民歌无羁无绊，彰显出直率自然的情感表达特征。直率自然要求语言精炼，反对陈词滥调。直率自然的动力是想象，而想象的动力基于心灵的纯真和丰富的生活阅历。直率与自然相互激发，使畲族民歌宛如清泉涌流，延续数日而不显得繁赘，这在"落寮会唱"、畲族婚庆等场合有着具体生动的体现。这种直率自然的情感表达方式，使得畲族民歌更加真实地呈现了畲民在特定的历史地理环境下的喜怒哀乐，生动地反映了畲族的历史、政治、经济、文化、生产和乡土风情。

（三）语言和象征符号要素

1. 特色鲜明的民族印记

畲族民歌的曲调设计和歌词构造都具有本民族鲜明而浓郁的特性，是我国民族文艺宝库中的瑰宝之一。畲民在长期的刀耕火种过程中，形成了一套具有浓厚民族特色的对歌习俗，如劳作对山歌、"三月三"歌节、来客盘歌、婚庆喜歌、祭祀颂歌、丧葬哀歌等。畲民以歌代言，沟通感情；以歌论事，扬善惩恶；以歌传知，斗睿斗智；以歌抒情，表达自我。丧葬哀歌每唱的开头都要呼一生逝者的称谓，以歌代哭、以歌赴丧。婚庆喜歌，男女双方分别邀请赤郎、赤娘进行对歌，营造良好的喜庆氛围。

2. 沁人心脾的民歌内涵

畲族民歌内容涵盖畲民生活的方方面面，主题鲜明，寓意丰富，具有提高民族自豪感与归属感、颂扬辛勤劳动、鼓励慈孝、教人惩恶扬善等社会正能量。叙事歌主要包括《高皇歌》《古老歌》《封金山》《汤夫人歌》等，《高皇歌》是记述畲族源流传说的长联歌，全诗共112首，畲族人民视为传世之宝，民族史诗，畲族家喻户晓，世代传唱；劳动歌告诫人们应当及时行耕，不违农时，勤耕细作，争取好收成，主要包括《时辰歌》《二十四节气歌》《茶女歌》《耕田歌》等；风俗歌有《定亲歌》《拦路歌》《敬酒歌》等；哀歌主要有《守孝歌》《买水洗浴歌》《二十四孝歌》等；祭祀歌主要有《请师爷》《接香火》《造金井》等；时政歌有《打盐霸》《打酒员》《山哈当家做主人》《吃水不忘水源人》等。

（四）规范要素

1. 特色鲜明的歌调设计

畲族民歌的曲调主要是山歌调，不论是平日对歌或婚庆仪式，都用山歌调演唱，只有师公们在祭祖和做功德时唱的调子不同。畲族民歌的曲调可分为"山歌调"及"师公调"两大类。浙江畲族山歌调主要分为丽水调、景宁调、文成调、平阳调、泰顺调、龙泉调等六种。景宁调是五声音阶角调式，旋律走向1653，缺商音，在结构上采取了两个并列乐句所组成的单乐段形式。两个乐段共四个分句的结音均落在主音"角"上，并在每个乐句的第一分句第一乐节中增加了一个抒叹性的长音"徵"，节律均作抒叹性的延长。景宁调以角商式为其主要特点，是浙江畲族民歌中最具特色的调子。

2. 灵动多变的条韵构造

畲族民歌词曲结构方面，歌调比较整齐，讲究畲语押韵。畲族民歌歌词多以七言四句为一段，俗称"一条"，多条以上内容为主题组合成篇，俗称"一连"。畲族民歌从编写的特点看，其形式可以分为"成连歌""三条变""两条杠""单条落"以及序列格式。"成连歌"：用来叙事，一连歌短的十几条，如生肖歌等，长的数百条，如故事歌《祝英台》、劳作歌《采茶歌》等；"三条变"：用来强调单一事物及情感，每组三条，有"重要的事说三遍"的感觉；"两条杠"：一唱一和，如对歌、谜歌等；"单条落"：一条就说清问题，如儿歌、童谣、垃圾歌等。畲歌歌词的用韵也很严格，一条内只用一个韵，不转韵。在一般情况下，一条四句，每句七字，第一、二、四句的最后一字都押平韵，第三句最后一字必须是仄声字。

3. 丰富多样的歌唱方式

在唱法上，一般男女都用夹有"哩、罗、啊、依、勒"等音的"假声"唱，也有人用真声唱，平时学歌时不夹假音唱叫"平唱"。由于发声方法不同，一般同一首歌可出现平讲调、假声唱和放高音三种不同曲调。唱歌的形式有独唱、对唱、齐唱，很少伴有动作与器乐。畲民擅长具有轮唱性质的二声部重唱，人们称之为"双音"，畲族称"两条杠"。"两条杠"最初是两个人唱，现在发展到可以三、四人唱，但一般不超过四人。两声部分由两人演唱，演唱者可两男、两女或一男一女。一男一女二人重唱，谁先唱皆可，后唱者可在先唱者唱后两个字或四个字接唱，要与前唱者唱同样的歌词和近似而不完全相同的曲调。演唱"双音"不严格规定时间、场合，但必须在唱歌的季节进行，即从农历八月十五至翌年三月初三，包括了正月春节、"三月三"、八月十五中秋节、九月九重阳节等节日。

二、文化元素核心基因提取与评价

畲族民歌核心基因提取包含以下几个方面：一是畲族人民情感抒发直率自然，富有生活情趣；二是畲族人民善于创造，畲族民歌艺术特色鲜明；三是畲族民歌主题鲜明，精神内涵丰富。

畲族民歌文化基因评价表

评价项目	评价因子	评价依据（特点）	是否
生命力评价	文化基因存续的时间	自出现起延续至今，未曾明显中断	√
		自出现起延续至今，但多次衰微、中断后复兴	
		曾明显衰败，改革开放后开始复兴或历史溯源关键环节缺失，难以考证	
		文化形态主体已灭失，现存部分痕迹	
	文化基因的稳定性	在发展过程中保持相当稳定的状态	√
		在发展过程中存在明显的精神内涵、表现形式剧变	
凝聚力评价	文化基因的凝聚力及社会动员效果	曾广泛凝聚起区域群体的力量，显著推动过社会经济文化的发展	√
		曾部分凝聚起区域群体力量，对社会经济文化的发展产生过影响	
		凝聚过力量，创造过实际的发展动能，但未见对社会经济文化发展产生显著改变	
		仅在历史文献或口耳相传中存在，未见实际介入社会经济发展	

续表

评价项目	评价因子	评价依据（特点）	是否
影响力评价	辐射的范围	具有全国性、世界性的影响力	
		具有长三角区域、浙江省影响力	√
		具有市县、乡镇影响力	
	提炼的高度	已经被古代文人士大夫和当代学者提炼为精神符号和理念理论	
		单纯的样式、造型、工艺技术规范	√
发展力评价	与当代精神追求和价值观念的契合	传统文化基因得到创造性转化、创新性发展；区域革命文化基因被完整继承、广泛弘扬；区域社会主义先进文化基因成为与浙江"三个地"相适应的文化高地	√
		部分转化、部分弘扬、部分发展	
		难以转化、难以弘扬、难以发展	

说明：基因特点评价是对解码出来的基因，根据本《导则》表2的要求，围绕"四个力"逐一对表打"√"，进行定性表述

（一）生命力评价

畲族历史上的大迁徙、经济文化的相对落后以及封闭型的居住环境，使畲族古老的传统文化艺术在客观上得到了保护。由于畲族人民居住环境呈现"大分散、小聚居"的样态，加之经济的发展、生活水平的提高，使得畲民文化娱乐方式发生了较大变化，畲族民歌一度衰弱。除景宁等个别地区外，绝大部分地区已不再有畲族的民歌文化活动，大部分畲族青年人从未听过，甚至不知道畲族民歌。即便在景宁，除一些专门组织的活动，平时极少有年轻人哼唱或学唱本民族的民歌。改革开放后，国家和各级政府极为重视文化遗产保护工作，使深陷困境的畲族民歌得到较好的抢救和保护。近年来，景宁加大对畲族民歌的保护力度，实现从被动保护向主动保护的转变，畲族民

歌呈现出一定的生命活力。

（二）凝聚力评价

畲族民歌是各地畲民思想交流的重要载体，是表达情感、增进交流的重要方式，也是畲民共同的精神家园。蓝陈启是畲族民歌国家非物质文化遗产项目传承人之一，被人们尊称为畲族歌王。上世纪90年代，她在家乡景宁县鹤溪镇双后岗村言传身教，为村表演队教唱山歌，教学歌礼，把自家房屋作为村婚俗演示场地，亲自扮演男方女主人，每年当几百回"婆婆"，接回几百个"新媳妇"，吸引众多游客，增加村集体和畲民收入，改善畲民生活。先后接待张德江、司买义·艾买提、李泽民、丁耀民、董必武之女董翠、毛泽东媳妇韶华等党政领导或社会知名人士。畲族民歌经过多年的传承和创新发展，形成了比较完善的传承谱系，在民族文化大发展、大繁荣的历史条件下，具有一定的发展潜力。

（三）影响力评价

景宁畲族民歌承载了畲民的历史记忆，传授了畲民立身处世的道理，是我们研究景宁畲族文化的重要依据和艺术创作的重要源泉，具有丰富的文化艺术价值。景宁畲族民歌是第一批国家级非物质文化遗产扩展代表性项目、第二批浙江省非物质文化遗产代表性项目、第一批丽水市非物质文化遗产代表性项目、第一批景宁畲族自治县非物质文化遗产代表性项目。通过畲族民歌系列大赛、新媒体传播、传承人的海内外表演推介，畲族民歌越来越受到国内外人民的喜爱，知名度不断提高。1994年9月，蓝陈启随中国畲族民间艺术团应邀赴日本参加民间艺术节。在日本大阪，她增演一场畲族史诗《高皇歌》独唱，原汁原味畲族歌韵倾倒听众，使畲族民歌声名远播日本。2012年，蓝陈启到北京参加第四届全国少数民族文艺会演，并获创作、表演金奖和最佳音乐创作奖等奖项。2020年11月，景宁县畲族民歌《高皇歌》荣获长三角民歌赛的最高奖项"最佳传承奖"。

（四）发展力评价

畲族民歌文化基因具有一定的转化能力，从生活层面看，畲族民歌内容丰富、积极向上，具有一定的生活教育转化功能；从艺术层面看，畲族民歌韵调独树一帜,有较高的艺术价值,具有提升为中高端少数民族音乐艺术品的潜力;从市场层面看,畲族民歌通过现代传媒技术,被运用于舞台表演、影视作品、动漫配乐等,提高市场化运用的可能性。

三、文化元素核心基因保存

畲族民歌题材丰富，演唱形式多样，歌词讲究韵律，音调和谐对仗工整，是民间艺术的宝库。其文化元素保存形式主要有以下三种：其一，口口相传的民间保存。畲族民歌多为即兴演唱，传承与传播多靠口头传唱，有一批畲族民间艺人传唱畲族民歌。其二，以手抄本形式保存。畲族也存有不少民歌手抄本，包括著名的长篇史诗歌《高皇歌》，数十部长篇叙事歌"小说歌"，成套的"婚仪歌""祭祖歌""功德歌"等。其三，利用现代技术，以电子数据库（含电子影像等）、书面印刷文稿形式保存畲族民歌。

近年来，景宁对畲族民歌采取了强有力的发展和保护措施。一是提供专项资金支持。县财政每年专门拨出专项经费，用于畲族民歌保护与传承项目，扶持一批畲族民歌创作基地、命名一批畲族民歌传承人。二是建立畲族民歌保护体系。建立畲族民歌档案和数据库，摸清全县畲族民歌手所掌握的山歌，建立文字、录音、摄像等一系列数据库；抢救整理民间老歌，编撰出版畲族民歌汇编本；建立畲族民歌原生态文化保护区，对部分优秀的畲族民歌进行原生态录音录像，采录畲族民歌老艺人、传承人演唱的畲族民歌。三是开展畲族民歌的展示和宣传。通过举办一年一度的"三月三"之"中国畲乡民歌节"畲族民歌系列大赛，扩大畲族民歌的影响力，挖掘一批原生态畲族民歌和推出一批原创畲族新歌，不断完善扩充和丰富畲族民歌资料，培养和挖掘年青一代的民歌手。

畲族民歌研究成果丰硕，《景宁畲族自治县志》《景宁畲族自治县民族民间艺术资源普查工作资料汇编》等著述中均有关于畲族民歌的相关记载。代表性学术成果有《畲族长联歌选》（雷群芳、雷汤花），《畲家情歌》（唐宗龙、袁春根），《传世畲歌》（蓝兴发），《浙江畲族民歌》（中国音乐，2008），《景宁畲族民歌"角调式"特有现象探究》（中国音乐，2012），《浙江丽水畲族山歌的调式分布特点及内在联系》（中国音乐，2018）。

畲族婚俗

畲乡景宁　景宁文化基因

畲族婚俗

风俗是一个民族共同遵奉的一种社会习尚。婚嫁乃人生喜事，虽属普遍现象，但不同时代、不同民族会有不同的仪礼和程式。畲族历史悠久，千百年来，畲族人民的衣食住行，形成了自己独特的风俗习惯。畲族传统文化、生活习俗和宗教信仰都显示着本民族的素质特点，使每个畲民都感到属于同一民族的亲切心理，不断增强民族内部感情和团结基础。畲族大多居住在交通闭塞的山区，较长时期内仍保留着本民族的生产习俗、岁时习俗和礼仪习俗，特别是畲族婚俗。畲族保留着本民族独特婚俗，显示了鲜明的民族特色，其古朴而独特的婚俗带有明显的历史痕迹，如简约大方的"行嫁"、以喜作忧的"哭嫁"、考验赤郎水平的"借锅嫁"及双方默契的"抢亲"等，内容丰富多彩。

畲族以盘、蓝、雷、钟四姓为众，同姓远房可嫁娶，旧日主张内婚，不与外族通婚姻。《高皇歌》云："高辛皇帝曾叮咛，蓝雷钟姓自结亲，有女莫嫁外埠佬，锄头底下有黄金"。一夫一妻，居室不乱，方式有女嫁男家、男嫁女家、做两头家以及子媳缘亲等。

畲族传统婚俗，女嫁男家一般要经过相亲、定亲、送糯米、选亲家、选行郎、送彩礼、拦路、借锅、杀鸡、宣酒、对歌等程序。畲族婚礼别具情趣，畲歌贯穿始终，《哭嫁歌》在畲族婚礼中不可缺少，内容包括《哭爹娘》《哭哥嫂》《姐妹恋》《哭母舅》等。此外"调新郎"（又称"答歌"）、"嬉新娘"、"嬉大舅"、"八仙闹洞房"、"接亲家伯"、"做表姊"等是畲族婚俗独具特色的活动。

2008年景宁畲族婚俗被批准为浙江省第二批非物质文化遗产代表性项目，2014年被国务院列为第四批国家级非物质文化遗产代表性项目。由于人口流动及外来文化的影响，蕴含着深厚、古朴传统文化内涵畲族婚俗受到一定的冲击。

一、文化元素分解

（一）物质要素

1. 气氛热烈的婚庆喜歌

畲族的传统婚俗仪式就是一场畲族民歌的盛会，仪式环节众多，每个环节都要有歌相伴。准备迎亲之前，男女双方最重要的事情就是要请到当地最好的畲歌手代表本方向对方挑战或应战对歌，男方请的男歌手叫做"赤郎"，女方请的女歌手叫"赤娘"。对歌仪式现场气氛热烈，幽默风趣，仪式中的亮点是"借锅歌谣"，歌手用谜语歌的形式以歌斗智、以歌讨物，展现畲歌手的智慧，为畲族婚俗仪式增添了不少乐趣，极具畲族传统特色。

2.寓意丰富的婚俗用品

畲族新娘出嫁时要梳扎"凤凰"头，身着"凤凰"装以示吉祥如意。佩戴由珠串、银盖、银钗、银花、银片组成的尖角凤冠。凤凰装形似凤凰绚丽的羽翼，色彩鲜艳斑斓而不错杂，绣着凤凰和牡丹花案。戴项圈、手镯等银质饰品以及铜制圆镜，盖两侧串着桂圆的红盖头。除凤冠、彩带、喜牛、"传代"用的布袋、陪嫁物品外，还会有稻、麦、豆、花生等种子伴嫁，寓意落脚生根，开花结果。借助凤凰头饰、凤凰装、圆镜、龙凤喜烛、桂圆、五谷种子、红布袋等具有象征意义的用品，进行传统文化的仪式化表达。畲民通过婚俗器具表征婚礼仪式中的美好寓意，一代又一代地传承民族文化。

3.传统封闭的生活环境

由于畲族居住环境是"大分散、小聚居"，主要生活分布于山区，交通不便，生活环境相对封闭。畲族社会环境较为封闭，虽与汉族相互毗邻而居，但不与外族通婚，主张内婚。所以数百年来畲族婚俗仪式都能够保持基本不变的独特风格，代代相传。

（二）精神要素

1.单纯朴实又重感情的民族品质

畲族青年以"缘歌"来寻得意中人，在公开场合以山歌表情达意，用对歌的方式考验对方的才情。新郎娶亲之前，新娘须以哭腔唱歌，诉说自己对父母、兄弟姐妹的依依惜别之情，俗称"哭嫁"。新娘哭唱得饱含真情实感还能博个好彩头，畲民认为新娘哭得越悲情则意味着未来生活越幸福美满，即以悲衬喜。在闹洞房环节，青年们用山歌表达对新人的祝福之意，唱着闹房歌和祝贺歌，祝福新郎新娘和和美美。畲民用劳动创造美好生活，祝福着一对对新人走向幸福。歌曲所表征的是蕴含在其背后的畲民单纯朴实又重感情的民族品质。

2.劳动收获美好生活的精神世界

畲民充分运用动作符号为婚礼仪式增添戏剧性色彩。新娘被接到夫家之前需要带上自家的三口米饭，即新娘先将木筷递给背后的兄长，兄长再把木筷穿过新娘胳肢窝摆到餐桌，之后新娘便从准备好的米饭里咬三口饭并吐到手绢上，由兄长把手绢叠好让新娘将其带到男方家里，这寓意新人婚后将获得农畜丰收。在婚礼中，新人须各自拽住彩绳的一头，相对而立，在宾客的注视下拜堂成亲，接着一同前往炉灶，新娘托举竹筒让新郎向炉膛内吹气，使灶内燃起熊熊火焰，这一举动寄予了夫妻对今后生活红火美满的美好愿景。劳动作为人类社会实践的突出表现形式，与人们的生活内容有着深刻而本质的联系。畲族婚礼仪式中的动作符号富有生活气息，与畲民的日常生活息息相关，兼具人文性与社会性，真实反映出畲民生产劳动的激情以及祈愿通过劳动收获美好生活的精神世界。

3. 表达共同信仰的民族认同感

畲族婚俗文化建构了一种"想象共同体"，具体表现为群体基于共同生活习惯、历史、思想等方面而约定俗成的社会关系，维系着想象的共同体的纽带是他们之间共同的文化根源。畲民将族源神话融入到服饰媒介，新娘身穿的"凤凰装"体现了畲族的起源及其神圣的图腾信仰。图腾是一个民族精神与文明的表达，更是一个民族永久的集体记忆。图腾崇拜包含着畲民对祖先和民族姓氏的追溯，蕴含着对祖先的英雄崇拜情结，在畲族的社会延续中有着至关重要的作用。在婚俗文化的传播中，运用各种有意义的象征符号，拥有和巩固了共同的信仰观念。

（三）语言和象征符号要素

1. 承载文化传播的仪式活动

婚礼作为群体性的社会人文活动，通过符号展演和仪式规则进行婚俗文化的传播。婚礼仪式具有象征性与表演性两个突出特征，象征性经由表演性呈现。一系列具有象征性的符号、具有指代性的动作及其意义构成了仪式整体，是一种模式化的象征性活动，凭借这个过程人们共享民族记忆、情感与信仰。畲族婚礼以对歌、器具、服饰为媒介和符号进行了丰富的意义表征，婚礼中的人物、器物、声乐等仪式化要素贯穿整个婚礼始终。畲族婚礼规则赋予新人、伴郎伴娘以及亲戚长辈等不同角色自愿地进入婚礼"表演"的权利。仪式参与者在共同的场域下开展具有民族特色的群体间文化交流活动。人们经由恰当的行为方式进行角色表演和意义共享，共同完成这一场婚俗文化传播的"文化表演"仪式。

2. 强化对本民族传统的正面情感

畲族婚礼仪式成为畲民创造集体记忆与民族情感进而发生信仰共享的媒介情境，仪式的参与者通过接收、解码和传递一系列的婚俗文化符号来深化自己对本民族、本地域传统民俗的理解与归属感。婚俗文化符号的表征渗透到每个仪式参与者内心，潜移默化地形成一种集体记忆和自觉遵守的社会观念，达成了信仰的共通与共享，使他们之间的社会联系更加紧密。婚俗文化传播仪式中，一对新人作为首要象征性符号的输出方，向人们展示了婚礼中涉及到的一系列器物、服饰、用具、声乐、流程规则等，将其内涵传播给他人。畲族婚礼仪式借助一系列符号塑造了丰富而具体的情境，将历史与现实连接，使集体记忆被唤起和不断再现，推动着畲民在参与仪式中逐渐产生或者强化对本民族传统的自信感、自豪感等正面情感。

3. 具有独特风格的喜歌曲调

畲族民歌是畲族文化的重要组成部分，畲族喜歌主要以山歌为主，大都运用传统的五声音阶，少数也有四声歌和三声歌。畲族喜歌的主要调式包括宫、商、角、徵、羽等，景宁是以角调式为主。喜歌旋律进行时，无论什么调式，绝大部分都是以宫音为中心，先向上方做五度、六度或者七度的大跳，然后迂回下行至调式主音。这种直上直下的大跳间以迂回级进的旋法，最能体现畲族喜歌的风格特点。

（四）规范要素

1. 约定俗成的婚俗仪式

畲族的婚礼流程极为注重礼仪和

繁文缛节。从定亲和迎亲方面的流程来看，畲民恋爱充满浪漫色彩，男女双方以歌传情，托媒说亲。待到正式定亲，女方的舅母、姨母、姑母家便会留她"做表姐"，即请女方在家中做客，女方以对歌形式向亲人依依惜别。迎亲当天，娶亲队伍在半路上会被女方的姐妹以杉刺挡住去路，以讨要媒人的红包。进入女方家厅堂后，娶亲队伍需将丰厚的聘礼罗列在桌上，向众人展示。接着，还有个"捉田螺"仪式，即男方"行郎"到达女方家后，上来四个人走到中堂的右边，女方也上来四人，把男方上来的"行郎"请到左边去，然后八人面对面作揖，行"捉田螺"仪式。"捉田螺"仪式后，女方又邀请他们清洗脚部并换上崭新的布鞋，称作"脱鞋礼"。午后，有一个很有趣的环节是赤郎举行"借锅"仪式，这被称为"赤郎借锅"，意为伴郎以做谜语的方式向女方借用炊具款待宾客。赤郎念到哪个炊具，姑嫂们就得把先前收好的炊具摆出，只要有一个炊具漏念了，赤郎就得重新念借。等到炊具借齐后，赤郎要屠宰一只鸡，并且不能让血落地，如若溅下几滴则相应地要被罚酒几碗，姑嫂们经常趁机捣蛋，以活跃娱乐氛围。在傍晚过后的婚宴上，待到酒过三巡，赤娘开始向各桌唱"敬酒歌"，新娘的姐妹们作陪斟酒，同时宾客要将红包置于杯内赠予赤娘。婚宴落幕后，赤郎和赤娘双方开始彻夜对歌，将婚宴当日的气氛推向最高潮。成亲后的第三日，新人要一同前去探访新娘的父母，俗称"回门"。"回门"之后，整场婚礼就圆满结束了。

婚礼的流程仪式充分诠释了仪式的规则性，所有的流程都是约定俗成的，新人与亲朋好友共同遵循这个仪式的规则，以便顺利地走完婚礼流程，所有人都各司其职、各尽其责，按照规则来扮演好自己的角色，仪式需要建构一个行为关系规范才得以顺利进行。在婚俗文化传播仪式中，处处彰显着模式化的言行规范，并且每一条婚礼步骤都承载了不同的文化寓意。

这些富有文化趣味性的婚礼规则作为婚礼仪式中的核心内容，构建了以模式化的肢体语言传播婚俗文化的意义交流系统。

2. 自成谱系的赤郎赤娘传承

畲族婚俗当属群体传承，具有代表性的赤郎（即男歌手）各畲族村都自成传承谱系，如红星街道王金垟村的雷驮妹——雷正根——雷志方——雷根深；代表性的赤娘也自成谱系，如王金垟村的雷其花——雷驮仁——雷金兰等。

畲族婚礼中的"脱鞋礼"

二、文化元素核心基因提取与评价

畲族婚俗元素核心基因提取包含以下几个方面：一是传播畲族文化的载体；二是凝聚畲民，形成强大民族认同感的纽带。

畲族婚俗文化基因评价表

评价项目	评价因子	评价依据（特点）	是否
生命力评价	文化基因存续的时间	自出现起延续至今，未曾明显中断	√
		自出现起延续至今，但多次衰微、中断后复兴	
		曾明显衰败，改革开放后开始复兴或历史溯源关键环节缺失，难以考证	
		文化形态主体已灭失，现存部分痕迹	
	文化基因的稳定性	在发展过程中保持相当稳定的状态	√
		在发展过程中存在明显的精神内涵、表现形式剧变	
凝聚力评价	文化基因的凝聚力及社会动员效果	曾广泛凝聚起区域群体的力量，显著推动过社会经济文化的发展	√
		曾部分凝聚起区域群体力量，对社会经济文化的发展产生过影响	
		凝聚过力量，创造过实际的发展动能，但未见对社会经济文化发展产生显著改变	
		仅在历史文献或口耳相传中存在，未见实际介入社会经济发展	

续表

评价项目	评价因子	评价依据（特点）	是否
影响力评价	辐射的范围	具有全国性、世界性的影响力	√
		具有长三角区域、浙江省影响力	
		具有市县、乡镇影响力	
	提炼的高度	已经被古代文人士大夫和当代学者提炼为精神符号和理念理论	√
		单纯的样式、造型、工艺技术规范	
发展力评价	与当代精神追求和价值观念的契合	传统文化基因得到创造性转化、创新性发展；区域革命文化基因被完整继承、广泛弘扬；区域社会主义先进文化基因成为与浙江"三个地"相适应的文化高地	√
		部分转化、部分弘扬、部分发展	
		难以转化、难以弘扬、难以发展	

说明：基因特点评价是对解码出来的基因，根据本《导则》表2的要求，围绕"四个力"逐一对表打"√"，进行定性表述

（一）生命力评价

畲族喜歌是畲族婚俗的重要组成部分。经过长期的发展和演变，畲族人民形成一套独特的以歌代言、以歌叙事、以歌抒情的民族歌俗，畲族喜歌也成了畲族民众传授历史、文化、生产、生活等各种社会知识和进行文化娱乐活动的重要手段和工具。在畲族婚俗礼仪中，畲族喜歌都始终贯穿其中，畲族民族文化才能流传至今，畲族婚俗的发展也才能保持其顽强的生命力。

（二）凝聚力评价

一个社会通过举行仪式保存和重现记忆。集体记忆跳脱不开情境，包括时间、地点、人的行为和角色等。集体记忆需要依托于各种符号的影响才得以产生，正是这些情境构成仪式参

与者的记忆框架与塑造着他们的民族情感,而集体记忆与共同情感又维系着他们的共同信仰。畲族婚俗仪式存在于一种"想象共同体"中,维系着想象的共同体的纽带和共同的文化根源。畲民作为一个想象的共同体,婚礼仪式便是交流分享本民族文化的平台之一,婚礼仪式仅仅是在表层上将群体联结起来,真正激发他们对民族价值和民族文化的认同感的是婚礼仪式中一系列象征性符号意义的交流与共享。

(三)影响力评价

畲族婚俗有其独特的历史和文化内涵,被作为畲族文化代表深挖和利用,常见在一些畲族题材的影视作品当中展现风采,被搬上舞台在一些文艺作品当中展现。历届"全国少数民族文艺汇演"的节目当中都有婚俗节目,从1980年第一届的《新女婿》、第二届《畲山风》中的第四幕"秋嫁"、第四届《千年山哈》第四幕中的"礼嫁"等都有畲族婚俗的再现场面。畲乡景宁的热门景区都有畲族婚俗表演,受到广大游客的普遍好评。

(四)发展力评价

畲族婚俗基因具有较高的转化能力,从艺术层面看,畲族婚俗所展现出来的民族民俗风情,对歌形式、服饰点缀等都具有较高的美学、哲学、民俗学、民族学的研究价值。从市场层面看,随着市场经济的不断深入和旅游业的蓬勃发展,对畲族婚俗展现的民族民间文化进行挖掘、整理,其婚俗表演和畲族服饰等产品已为旅游开发所利用,具有前景广阔的开发价值。

三、文化元素核心基因保存

就现存代表性实物而言,景宁现有畲族文化研究中心,二所畲族文化传承学校。畲族文化中心展示畲族特色风貌和灿烂文化,成为人们了解畲族人文历史,解读畲族民俗的重要窗口,是全国最具影响力的畲族文献资料展示和查勘中心,极大地推动民族地区文化事业的发展,进一步满足畲汉群众的精神文明需求,加快推进文化畲乡步伐,为把景宁建设成为全国畲族文化发展基地奠定坚实了基础。

就保护措施而言,景宁加大畲族婚俗保护力度,地方财政每年投入专项资金,组织畲族文化研究会,对畲族婚俗进行专题研究,创建山哈院、山哈寨旅游区,组织畲族民间艺术团,申报非物质文化遗产项目代表作及民间艺术家,建立畲族文化传承人数据库和畲族博物馆等。定期召开畲族婚俗传承人会议,并给予一定的经费支持。

就相关研究著作而言,在1924年沈作乾的《括苍畲民调查记》浙江丽水畲民婚俗中便有记载:"婚礼极简,届期,新郎着新衣,诣岳亲迎,岳家款以饭,但就席时,席上不陈一物,必俟新郎一一指名而歌之,如要筷子,则唱《筷歌》,要酒,则唱《酒歌》⋯⋯有一物即有一物之歌。其歌甚简,仅三数句而已。新郎唱之,司厨和之,其物即应声而出,谓之'调新郎'。"《景宁畲族自治县志》《浙江省景宁畲族自治县自治条例》《景宁畲族自治县民族民间艺术资源普查工作资料汇编》等著述中均有关于畲族婚俗的相关记载。景宁加强了对畲族婚俗的整理和保护，出版《畲族文化和风俗知识读本》《浙江省景宁畲族自治县民歌集》和《畲乡民间艺术大观》等，编写了《畲族文化和风俗知识读本》《浙江省景宁畲族自治县民歌集》《畲乡民间艺术大观》等著作。

畲族婚俗研究成果丰硕，代表性学术论文有《浙江景宁畲族婚俗仪式民歌借锅歌谣音乐形态探析》（内蒙古大学艺术学院学报，2015），《畲族婚俗的亲家伯角色扮演》（福建省民族与宗教事务厅，畲族文化研究，2003），《仪式观视角下传统民俗的传播与民族认同塑造——以浙江莪山畲族乡婚俗为研究个案》（浙江理工大学学报，2018）。

畲族彩带

畲乡景宁　景宁文化基因

畲族彩带

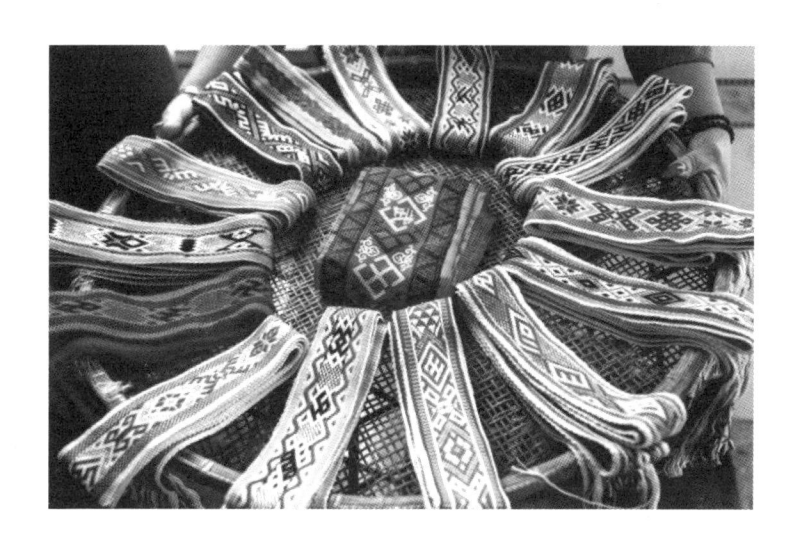

民间织带，历史悠久。自南宋年间开始，黄道婆的纺织术，在大江南北广为流传之后，"棉布寸土皆有，织机十室必有"，织布、织带普及千家万户，纺织术在各民族各地区都有广泛传承与发展。畲族织带广泛用于畲民的日常生活中，是畲族妇女长期生产、生活实践的精华，如裤带、袜带、作裙带、背带、各种打包带、新娘出嫁打铺盖带、担盘上所系各种织带等。畲族织带，也称"彩带""花带""山哈带"等，现通常称为畲族彩带，为畲族吉祥物。

畲族彩带编织技艺具有广泛的群众性，凡是有畲族人民生活的地方，就有畲族彩带。畲族彩带始于何时已无从考证，据《浙江省少数民族志》载："畲族民间工艺有刺绣、编织和雕刻等，最为著名的是畲族妇女编织的彩带和服装刺绣。彩带种类繁多，工艺精湛，图文并茂，一般用作青年人的定情物或礼品……极具民族特色"。畲族彩带艺人传承方式以亲属传承为主，世代相传，至今尚有保留。

畲族彩带是畲族姑娘必备的定情信物，是衡量一个女子是否心灵手巧的标准，同时也是人们喜爱的珍藏品。畲族彩带根据纹样不同，可以分为图案带、符号带和字带三大类。特别是用丝编织的"双面带"，正反面图案相同，工序严密，工艺精细，令人喜爱。

畲族彩带被列入第一批景宁畲族自治县非物质文化遗产代表性项目名录和第一批丽水市非物质文化遗产代表性项目名录。2020年，畲族彩带被列入第五批国家级非物质文化遗产代表性项目名录。畲族彩带传承人蓝延兰的作品曾获"99浙江中国民间艺术展"特别金奖。当前，畲族彩带主要靠传统手工编织，技艺学习难度大、收入低，愿意学习彩带编织技艺的年轻人少。随着彩带艺人的年龄增大和不断谢世，传承出现断层、处于濒危状况，亟待采取相应的保护措施。

一、文化元素分解

（一）物质要素

1. 多姿多彩的丝棉麻线

畲族彩带的主要原料有两种：一是自养蚕自缫的土蚕丝用自制的绞线机绞成的丝线，再买来染料，自行染成所需的颜色。二是用自种的棉花，用土纺车纺成的细棉纱。三是自种苎麻，织捻成麻线。畲族彩带用经纬线织成，一般纬线用白色，经线则有多种颜色。畲族妇女利用中间的黑经线一层白一层黑挑织成多姿多彩的花纹、图案或文字，在图案的两边和彩带边上都放上几根彩色经线，边彩线与中彩线之间全白，经线多少由彩带的宽窄而定。

2. 简单实用的编织工具

畲族彩带编织工艺复杂多变，但编织工具相对简单，主要有耕带竹、耕带摆、绑腰带、提综线、剪刀、布条、胶布及耕带架等；耕带竹为表面光滑的小圆竹管；耕带摆为表面光滑平整，一头带尖的刀型竹片；提综线为表面光滑、韧性度高的涤纶线。整套编织工具制作简单、成本低廉、小巧轻便、易于移动、便于推广，织匠还会根据编织需要对工具进行改进。

3. 相对封闭的生存环境

畲族居住地多为丘陵，两山夹一水，众壑闹飞流，山多地少，自然条件恶劣，交通不便，基本处于羁縻状态，与汉族的交往十分有限，生产技术落后，衣食住行基本自给自足。畲族彩带是畲族流传悠久的传统手工艺织品，起初用作定情信物、腰带和背带等生活实用品，后亦作服装装饰。畲族传统彩带纹样反映了山区畲民居住、狩猎、采撷、祭祀、祈求平安等生产生活内容。

（二）精神要素

1. 勇于追求的爱情观念

畲族彩带寓意丰富，往往体现为爱慕之情。畲族彩带编织技艺是衡量一个畲族女子是否心灵手巧的标准，被作为定情信物送给自己喜欢的情郎。年轻姑娘定亲时，不论男友送什么礼物，都必须回送一条自织的彩带。畲族符号带编织着一种意符文字，如"蝴蝶花""蜻蜓纹""百年好合"等纹案，这些纹案承载着自远古而来畲族先民的祈福信息，是一种吉祥之物，企盼能给爱人带来好运。

2. 务实上进的生活态度

畲族彩带是畲族人民生活智慧的一个具体展现，被广泛用于各种生活场合。畲族青年结婚，女方用彩带为心仪之人绑扎护腰，尽显温婉尔雅；用彩带绑扎婚礼被服，尽显典雅大方。妇女以彩带为工具背孩子，既安全又实用。男士以彩带作为护腰、护腿器具，携带方便，经久耐用，特别是在长年累月的劳作中，可感受彩带透射的家庭温暖与幸福。彩带作为一种常规的生活用品，被赋予多种感情意蕴，其蕴含的精湛技艺使之成为艺术品，反映了畲族人民务实求真、积极上进的生活态度。

3. 质朴求精的做事品格

畲族民风淳朴，素有勤耕精织之风。在千百年来的刀割火种、自立自强的迁徙生活中，养成了质朴求精的做事品格，这种品格也反映在畲族彩带的编织上。畲族彩带作为畲民日常生活必备之品，结实耐用、美观大方、纹样简洁、色彩斑斓，寓意丰富。勤劳淳朴的畲族妇女，不但是生产能手，也是编织刺绣的能工巧匠。她们一针一针绣出自己的幸福生活，既绣出了畲族之美、畲风之韵，也展现畲民的勤劳之美，以及天真自然、精益求精、追求完美的秉性积淀。

（三）语言和象征符号要素

1. 独具特色的民族标识

彩带是畲族中最具有特色的工艺品之一，在畲族文化中占有举足轻重的地位。彩带是畲民生活必不可少的组成部分，具有浓郁的民族特色、丰富的精神意蕴和实用的装饰功能，是畲民世世代代积累汇聚而成的文化遗产。畲族彩带是我国少数民族文化的一个重要组成部分，具有不可替代性。畲族彩带分为三类，图案带包含了畲民崇拜信仰、生活习俗，包括写实纹样、会意纹样、几何纹样；符号带用于吉祥祈福，承载着远古时代畲族先民的祈福信息。字带源于近代汉文化，表征民族和谐。

2. 富含寓意的文化象征

畲族彩带需用经纬线，一般纬线用白色，经线则有多种颜色。畲族妇女利用中间的黑经线一层白一层黑挑织成多姿多彩的花纹、图案或文字，在图案的两边和彩带边上都放上几根彩色经线，边彩线与中彩线之间全白，经线多少由彩带的宽窄而定。畲族彩带的花纹通常有"蝴蝶花"、"水竹花"、"铜钱花"和"字花"等。字带由中间黑经线多少分为"三双""五双""十三桁""十九桁""三十三桁""五十五桁"等，其中以"五双"最多，"十三桁"最出名。畲族彩带也有以汉字为符号，如渤海镇上寮村妇女织的"十七双字带"，一条带上就有"长命富贵金玉满堂福如东海寿比南山万古长青风调雨顺风雨同舟五湖四海全心全意为人民服务自力更生艰苦奋斗"49个工整的汉字。

（四）规范要素

1. 家庭传教为主的传承规范

畲族织彩带的时间大都为春节期间、农闲季节和雨雪天，学织带工艺，以家庭传教为主，邻亲帮教为辅。小姑娘五六岁就开始跟妈妈学织带，出生于清末的彩带艺人蓝某是畲乡有名的彩带编织艺人，其女蓝龙娘也是一位织带高手。蓝龙娘之女蓝世花也善织彩带、麻布。受其家庭艺术熏陶，蓝世花之女蓝延兰6岁开始学织彩带，经30多年探索，如今已是新一代畲族彩带编织的佼佼者。她曾获1999浙江中国民间艺术展特别金奖，作品已远销日、韩、美等国家，带传学艺，代代相传。

2. 经纬分明的工艺规范

畲族彩带编织工艺通过历代编织匠人口口相传，形成了较为整的工艺规范。一是采用将经线绕整经框的片环状整经的方法；二是整经框在平面上利用木竿组成；三是整经中色线的缠绕端系在一起，比其它织法有条理；四是采用经线色织工艺，称为织锦；五是将纬线绕在竹片上进行操作；六是采用表里交换的二重经起花组织；七是织带工具只有一条分绞棒和一个地综，简练实用；八是将彩带的一端用臀部的力量来固定；九是织带法简单方便，占地面积少，有利于家庭手工操作；十是不同地区织造技法和工具皆大同小异。

3. 寓意丰富的纹样规范

畲族彩带的大部分纹样及关于纹样的解释都是从祖先一代代传下来，以图形为主，分为三大类，以几何纹为主，并假借汉字、会意构成。象形文字彩带中所记载的象形符号，现存只有67个，各有其含义。例如畲族妇女曾织造了《皇帝朝纪》的字带，带上织了"风调雨顺、国泰民安、皇帝朝纪、宋元明清、顺治康熙、雍正乾隆、嘉庆道光、咸丰同治、光绪宣统、福禄寿喜、龙飞凤舞、荣华富贵、金玉满堂"两行共104个字，中间还织上50多个原始文字织纹，成为当地后代畲族织带的样版。畲族彩带由带边、带芯、带头和带梳等四个要素构成。

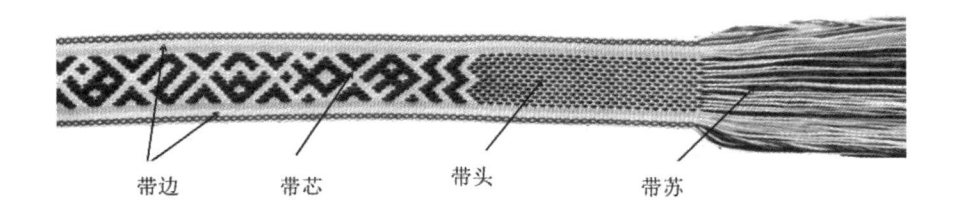

带边　　带芯　　带头　　带苏

二、文化元素核心基因提取与评价

畲族彩带元素核心基因提取包含以下几个方面：一是畲族人民忠贞不渝、朴素大方、勇于表达的爱情观；二是务实求真、积极上进、勤劳朴素的生活观；三是脚踏实地、精工善艺、言传身教的生产观。

畲族彩带文化基因评价表

评价项目	评价因子	评价依据（特点）	是否
生命力评价	文化基因存续的时间	自出现起延续至今，未曾明显中断	√
		自出现起延续至今，但多次衰微、中断后复兴	
		曾明显衰败，改革开放后开始复兴或历史溯源关键环节缺失，难以考证	
		文化形态主体已灭失，现存部分痕迹	
	文化基因的稳定性	在发展过程中保持相当稳定的状态	√
		在发展过程中存在明显的精神内涵、表现形式剧变	
凝聚力评价	文化基因的凝聚力及社会动员效果	曾广泛凝聚起区域群体的力量，显著推动过社会经济文化的发展	√
		曾部分凝聚起区域群体力量，对社会经济文化的发展产生过影响	
		凝聚过力量，创造过实际的发展动能，但未见对社会经济文化发展产生显著改变	
		仅在历史文献或口耳相传中存在，未见实际介入社会经济发展	

续表

评价项目	评价因子	评价依据（特点）	是否
影响力评价	辐射的范围	具有全国性、世界性的影响力	
		具有长三角区域、浙江省影响力	√
		具有市县、乡镇影响力	
	提炼的高度	已经被古代文人士大夫和当代学者提炼为精神符号和理念理论	√
		单纯的样式、造型、工艺技术规范	
发展力评价	与当代精神追求和价值观念的契合	传统文化基因得到创造性转化、创新性发展；区域革命文化基因被完整继承、广泛弘扬；区域社会主义先进文化基因成为与浙江"三个地"相适应的文化高地	√
		部分转化、部分弘扬、部分发展	
		难以转化、难以弘扬、难以发展	

说明：基因特点评价是对解码出来的基因，根据本《导则》表2的要求，围绕"四个力"逐一对表打"√"，进行定性表述

（一）生命力评价

从经济环境看，景宁较为贫乏的自然资源，造就了畲族人民自立自强、吃苦耐劳的品质，采取了自给自足、自我创造的生产方式。彩带编织技艺成为畲族妇女持家增收的副业，并赢得社会的普遍尊重，稳固了畲族彩带基因延续的基础。从文化环境看，相对封闭的地理环境，外来文化冲击少，在很大程度上保护了畲族彩带的独具特色性。从社会环境看，畲族妇女极力追求彩带纹案构图丰富细腻、写实传神、做工精细、格调淡雅的艺术审美和美好情感，在爱情、生活、社会多方因素的内在驱动下，畲族彩带自然而然要求精益求精、创新发展，得到延续和传承。

（二）凝聚力评价

在漫长的自然经济条件下，畲族彩带通过邻里、家庭、宗族之间进行口口相传。蓝延兰作为畲族彩带编织技艺省级非遗传承人，其作品被众多国内外纺织界学者收藏。她创建了畲族民间工艺品工作室，在她的带动下，越来越多的畲族姑娘投入到彩带编织技艺的学习中。在她的影响下，已经产生了多位能独当一面的畲族彩带编织艺人，初步形成以蓝延兰为核心的编织技艺群体。在景宁之外，丽水石牌门村也已成为畲族彩带的一个重要传承基地，目前村中有畲族彩带编织传承人近20人，其中以兰林凤和兰石翠最具代表性。畲族彩带经过上千年的传承和创新发展，已经从一门手工艺成为一门艺术，在文化产业繁荣发展的大背景下，具有一定的产业发展潜力。

（三）影响力评价

畲族彩带配色鲜艳，各种颜色交织，不但图案复杂，而且还有祈盼吉祥的文字，如"风调雨顺，国泰民安"、"百年好和，五世其昌"等。畲族彩带图案复杂精美，是非常珍贵和难得的民间工艺珍品，作为展示畲族民族特色的重要内容在景宁畲族博物馆进行重点展示。畲族彩带作品曾获1999浙江中国民间艺术展特别金奖等大奖，被韩国、日本纺织界学者收藏，并被用来当作民族精品送给中外贵宾，国内外许多客人慕名上门求购，畲族彩带飘向世界各地。

（四）发展力评价

畲族彩带基因具有较高的转化能力，从艺术层面看，畲族彩带图案精美、寓意丰富、做工精致，具有较高的艺术价值和收藏价值，具有从普通手工艺品提升为中高端艺术品的潜力。从市场层面看，畲族彩带的机械化编织，大幅降低了制作成本，拓宽了彩带的市场销路。畲族彩带及其符号被广泛应用到畲族服饰、配饰、箱包等衍生品中，促进了彩带产业的进一步发展。

三、文化元素核心基因保存

就现存代表性实物而言，景宁畲族博物馆是畲族彩带最重要最集中的存放地，里面陈列了许多畲族彩带代表作品、制作工具和生产原料及其相关的文献资料。丽水市石牌门村畲族彩带展陈馆是一座典型的畲族传统民居，于2017年11月开始修缮，重新布置，现如今已成为一座焕然一新的小型畲族博物馆。这里陈列着畲族精美彩带，展示畲族文化。

就保护措施而言，近年来景宁加大畲族彩带保护力度，投入资金开展民族民间艺术资源普查，并给予民间艺人适当经济补助，把畲族彩带申报为浙江省非物质文化遗产代表性项目。景宁促进彩带工艺传承，将畲族彩带艺人蓝延兰命名为县级民间艺术家并申报省级民间艺术家，建立畲族彩带民间艺人数据库，建立畲族彩带编织技艺传承基地，在县民族中学、民族小学建立畲族文化艺术传承学校，将畲族彩带编织列入教材。加强畲族彩带的艺术提升和产业开发：以畲族彩带为重点，建立畲族民间艺术文化研究机构；建立以畲族彩带为主要内容的民间编织实体，批量生产民间手工产品。

据《浙江省少数民族志》载："畲族民间工艺有刺绣、编织和雕刻等，最为著名的是畲族妇女编织的彩带和服装刺绣。彩带种类繁多，工艺精湛，图文并茂，一般用作青年人的定情物或礼品……极具民族特色。"可以肯定，畲族迁入浙江之前已有织彩带的习俗了。

据1929年上海同济大学教授德人哈·史图博和李化民编著的《浙江景宁县敕木山畲民调查记》载："畲族妇女还围着一条蓝色的麻布围裙（畲民称拦腰），这条围裙的带子是经过艺术加工的。这是用丝线和棉纱线织的，仅三厘米宽，有蓝、绿、白三色图案花纹。我们在景宁弄到一根围裙带子，其图案是由于传统的风格的花样组成的。多半是从简单的汉字变化而来。"

畲族彩带研究成果丰硕，《景宁畲族自治县志》《浙江省景宁畲族自治县自治条例》《景宁畲族自治县民族民间艺术资源普查工作资料汇编》等著述中均有关于畲族彩带的相关记载。代表性学术论文有《畲族彩带》（浙江档案，2015），《景宁畲族彩带"意符文字"的探究与释读》（浙江工艺美术，2009），《浙江畲族传统彩带的民俗文化与染织技术》（浙江理工大学学报，2006），《畲族彩带艺术和蓝延兰》（浙江工艺美术，2000）。

畲族服饰

畲乡景宁　景宁文化基因

畲族服饰

景宁畲族服饰流传于景宁畲族自治县的畲族村寨,在我国少数民族服饰中特色非常突出。畲族服饰一般分男装和女装,以女装最为繁复,一套完整的畲族妇女盛装包括头饰、上衣、围腰、腰带、脚绑、鞋等件套,其色调以青、蓝色为主,彩带花边则以红、黄、绿、白为主。畲族服饰其原料主要为当地生产的苎麻土布。当地畲族人民将苎麻剥出的麻丝用手摇机纺成线,再用土布机织成苎麻土布。畲族妇女们根据自己的爱好和想象在麻布缝制成的衣裙上加上编织好的各式彩带花边,抒写出自己的梦想与渴望。

在早期的文献记载中，畲族早就"织绩木皮，染以果实，好五色衣服"。清代以来，文献记载畲族服饰种类尤多。各地畲族的服饰虽有些不同，基本上是"男女椎髻跣足，衣尚青蓝色，着自织的麻布。男子短衫，不巾不帽。妇女高望垂缨，头戴竹冠蒙布，饰缨珞状"。《景宁县志》卷十二，《附畲民》，清同治十一年（1872）：男女"无寒暑，皆衣麻"。"跣脚椎结，断竹为冠，裹以布，布斑斑；饰以珠，珠累累，均为五色椒珠。"

景宁畲族服饰有着极其独特的历史内涵和文化意蕴，伴随着服饰工艺而产生的织布歌、彩带歌等是中华民族口述文学中的瑰宝。景宁畲族服饰可以追溯畲族历史的发展进程和文化沉积，折射出畲族在与自然的抗争中对世界的认识，集中反映了畲族的价值观和审美意识。景宁畲族服饰还反映了畲族人的年龄、婚否、爱情及社会地位等状况。研究和保护畲族服饰，具有重要的学术价值和现实意义。

一、文化元素分解

（一）物质要素

1. 强韧实用的苎麻棉纱

历史上畲族服饰的主要材质大多是自织的苎麻，主要以青色、红色、黑色居多。随着经济社会发展，棉产品来源丰富，目前畲族服饰已以棉织物为主。畲族服饰材料包括青蓝色的面料主料和衬料、缝纫线、绣花线等辅料。主料主要采用纯麻面料，辅料包括纯麻面料、布衬、绳子、缝线。景宁苎麻栽培历史悠久，苎麻纤维是最长、最强的麻纤维，经过脱胶加工处理的苎麻纤维，洁白如玉、光泽良好，染色后也不易掉色。苎麻具有防异味、轻薄透气、强韧耐磨、不易腐蚀、易染不易褪色等优点。

2. 品类繁多的精美配饰

畲族服饰饰品主要有六样：凤凰冠、耳仰、扁扣、手镯、脚镯和戒指。凤凰冠简称"冠"，由下月（银制品，为冠之主体）、身壳（绸布缝成）、簪（银制簪头）、锭梳（木制）、银杆、批（布织似凤尾）、穗（五色丝线）、帕（红布块）、金插（银制），形似凤凰；耳仰即耳坠，一般由成年畲族女性佩戴，畲族少女一般佩戴耳环；扁扣将一个圆形一分为二，各镶嵌对称的凸型凤凰图案，下端各系3只银穗及小铃。手镯、脚镯和戒指一般以银质材料为主。银色代表对美好生活的向往。

自古以来,白银在中国是尊贵的象征,既是作为货币流通,也是上层社会达官贵人的日常餐饮用具、佩带首饰以及一切能象征权力富贵的物品。

3. 简单实用的编织工具

畲族服饰制作工艺多变,编织工具种类多样,主要包括织布机、抽丝机、印花板、染桶、刺绣用具、制鞋用具等。畲族服饰一般采用自备的土织布机进行纺织,土制织布机不仅可为畲民的生活纺织土布,还可纺织土布带、围裙之类的日用纺织品。畲族妇女采用抽丝机将蚕茧抽为丝线,用于纺布。印花板就是用于印制手巾图案的薄木板,种类繁多、纹案制作精美。染桶就是用于染"头发接"用的木桶,是畲族服饰比较有特色的工具。刺绣用具包括绣花针、样花盆、花线盆、尺子、压条(木制)、花篮等。畲族服饰制作工具还包括制鞋工具等各种辅助工具。

(二)精神要素

1. 自由平等的地位观

畲族女性的社会地位高,早期畲族的整个社会活动几乎均以女性为主体,男子反而在社会上扮演次要角色。畲族没有重男轻女观念,畲族妇女可以和男子一样履行"祭祖"仪式,祭过祖的女性在氏族内部享有诸多特权、礼遇和特殊尊称。这种社会地位也体现在她们的家庭地位上,畲族女性婚姻比较自由,而且往往是姑娘主动追求小伙,畲族姑娘与男青年可交往公开。畲族婚姻的形式有男女互嫁,不但有女嫁男,也有男嫁女。部分家庭由妇女管理事务,畲族女子享有继承产业权利。

2. 别具一格的信仰观

畲族秉承了别具一格的女性信仰。在畲族古老的习俗与独特文化中,女性崇拜是一个重要方面。畲族有浓厚的女性祖先崇拜的习俗,畲民把女性祖先统一称作婆太或祖婆,祖婆在畲族人的心目中地位很高。畲族除了祖先崇拜外,也崇拜神灵,尤其崇拜"女神"。除信奉畲族女性始祖三公主、插花娘、太姥山蓝母等族内女神外,畲族还信奉临水奶娘、马仙娘、汤夫人等汉族"女神"。畲族还普遍敬仰女英雄,如偕同畲军英勇作战的许夫人、畲族先祖马氏祖婆、蓝氏祖婆等。畲族女神信仰张扬了女性的主导作用,凸现了女性的至尊地位。

3.异彩纷呈的形象观

畲族具有异彩纷呈的女性文化形象。在畲族民间文学中留下了大量独具畲族女性文化的文学作品，畲族女性不仅走上文化舞台成为民间文学的"历史主角"，而且有意识地把女性作为智慧、勤劳、勇敢、爱情的形象化身加以歌颂。如畲族民歌里的三公主、畲族文学里的蓝聪妹等。畲族人民通过女性形象的塑造，不仅热情地歌颂了朴实善良勤劳勇敢的畲族女性，而且也充分反映了畲族妇女在历史上的作用，生产、生活、社会上的地位，展示了自己民族对女性的思想感情、道德标准和审美意识。

（三）语言和象征符号要素
1.寓意吉祥的凤凰图腾

我国少数民族服饰中大都存在着图腾崇拜的印记，并世代相传。畲族服饰是对图腾崇拜的具体物化结果，在很多方面都体现了对于凤凰的崇拜和喜爱。其中，最具代表性的是"凤凰装"。凤凰装中的"凤冠"就代表"凤凰之冠"，腰间的飘带代表了凤凰长长的尾巴。畲族服饰中的"凤凰"元素既美化了服饰又使畲族的历史传说得以记载传承。畲族服饰体现了畲民朴实、勤劳、具有创造性的生活态度以及对未来充满无限期许和美好追求精神境界。

2.自然和谐的服饰图案

畲族服饰上的图案多来源于生活，生活中出现的花鸟鱼虫、飞禽走兽等都作为图案样式出现，都出自当地畲族的劳动妇女之手。长期生活在深山中的畲族妇女根据自己的喜好和制作生产的灵感，创造出以"山"和"水"为元素的各式各样图案。畲族女性服饰，以明代基本色调为基础，长期保留"淡而艳丽（以蓝色为基调）、纯而多形（图案变化多样）、细而扩展（衣服紧身依仗彩带等加以扩展），服饰总体上控制滥用红色，力求与自然环境相协调，这是畲族服饰的祖型。

（四）规范要素
1.特征鲜明的造型规范

历史畲族男女多为"椎髻跣足"，身着苎麻布和棉布缝制的青黑或蓝色服装。畲族服饰在不同地区、不同性别、不同年龄都具有鲜明的特征。男子传统服装为对襟单衫，衫襟用条状式蓝布或白布缝边，衫有连排七粒白布扣，袖口缝边加白布扣，各季穿棉布衫加黑色背褡，前后缝若干袋。女装上衣着和尚领大襟衫穿短裤，打绑腿，束围裙。衣服的领、肩袖皆用红、白、黄、蓝、绿色丝线编绣呈顺序排列柳条形图案，领口绣有花卉鸟兽之类的图案。

2. 精致玲珑的头饰规范

畲族少女喜用红色绒线与头发缠在一起，编成一条长子，盘在头上。已婚妇女头凤冠，即用根细小精制的竹管，外包悬挂红的红布帕。不同年龄的妇女，发间分别环黑色、蓝色或红色绒线冠上饰有一块圆银牌牌上悬着三块小银牌，垂在额前，族称为"龙"。凤冠上插一银簪，再佩戴上银项、银、银手镯和耳环，格外艳丽夺目。畲族的"凤冠"、发式中的"凤凰头"都蕴藏着浓厚的凤凰崇拜观念。

3. 匠心独运的工艺规范

畲族传统服装做工用料考究，工艺非常繁琐，既有雍容华贵的礼服，又有便于民间生产劳动的常服。畲族服饰从布料加工到刺绣剪裁，都由手工完成。大多数的畲族妇女用自家的土织布机纺织彩带和围裙等，传统制作工艺复杂，花的时间多、成本高。传统的畲族凤冠头饰由18个部分独立装配而成，完整地保留了畲族的民族文化内涵，将配件一件件扎到头上的繁锁过程，最终形成成型的凤冠。畲族妇女不仅使用木制织机，织成粗质的棉布，还以一根针、几缕线、小蜡刀等平常工具和材料为人类的艺术宝库增添了无数精美的艺术品。

二、文化元素核心基因提取与评价

畲族视凤凰为本民族吉祥物，勤劳善良聪明美丽的畲族女性以对本民族的卓越贡献博得同胞的普遍尊敬，从而形成了畲家特有的"崇凤敬女"习俗。畲族服饰体现了崇凤敬女的文化精神，基于此，畲族服饰文化元素核心基因提取包括以下几个方面：一是自由平等的地位观，二是别具一格的信仰观；三是异彩纷呈的形象观。

畲族服饰文化基因评价表

评价项目	评价因子	评价依据（特点）	是否
生命力评价	文化基因存续的时间	自出现起延续至今，未曾明显中断	√
		自出现起延续至今，但多次衰微、中断后复兴	
		曾明显衰败，改革开放后开始复兴或历史溯源关键环节缺失，难以考证	
		文化形态主体已灭失，现存部分痕迹	
	文化基因的稳定性	在发展过程中保持相当稳定的状态	√
		在发展过程中存在明显的精神内涵、表现形式剧变	
凝聚力评价	文化基因的凝聚力及社会动员效果	曾广泛凝聚起区域群体的力量，显著推动过社会经济文化的发展	√
		曾部分凝聚起区域群体力量，对社会经济文化的发展产生过影响	

续表

评价项目	评价因子	评价依据（特点）	是否
凝聚力评价	文化基因的凝聚力及社会动员效果	凝聚过力量，创造过实际的发展动能，但未见对社会经济文化发展产生显著改变	
		仅在历史文献或口耳相传中存在，未见实际介入社会经济发展	
影响力评价	辐射的范围	具有全国性、世界性的影响力	√
		具有长三角区域、浙江省影响力	
		具有市县、乡镇影响力	
	提炼的高度	已经被古代文人士大夫和当代学者提炼为精神符号和理念理论	√
		单纯的样式、造型、工艺技术规范	
发展力评价	与当代精神追求和价值观念的契合	传统文化基因得到创造性转化、创新性发展；区域革命文化基因被完整继承、广泛弘扬；区域社会主义先进文化基因成为与浙江"三个地"相适应的文化高地	
		部分转化、部分弘扬、部分发展	√
		难以转化、难以弘扬、难以发展	

说明：基因特点评价是对解码出来的基因，根据本《导则》表2的要求，围绕"四个力"逐一对表打"√"，进行定性表述

（一）生命力评价

景宁自然资源条件造就了畲族人民自立自强、吃苦耐劳的品质，采取了自给自足、自我创造的生产方式。畲族女子从小就学剪花、刺绣图案等，在生产生活中耳濡目染成为本民族的传统艺人。畲族传统服饰具有很强的御寒、护体的实用功能。其造型结构不断发展，更加符合人的生理机制，使穿着者感觉舒适与便利，同时利用造型、纹样、色彩等因素的组合，令使用者得到美的享受。

（二）凝聚力评价

畲族服饰历经漫长历史，经久不衰，一个主要原因在于其制作技艺通过邻里、家庭、宗族之间进行口口相传。经过上千年的传承和创新发展，畲族服饰已经从一门手工艺成为一门艺术，在文化产业繁荣发展的大背景下，具有一定的产业发展潜力。目前，仅景宁县城就拥有三家规模较大的畲族服饰生产作坊，数百名的从业人员，并拥有一批如雷献英、陈美琴、黄金美、陈晓琴等非遗传承人。这些畲族服饰企业专门设计、生产各种民族服饰及工作服等，涉及各种畲族日常服、职业服、礼仪服、演出服等服装，以及配饰等共10大类500多种产品。景宁培养了一批畲族服饰设计人才，推动畲族服饰创新发展，使民族服饰走向时尚化、大众化、市场化奠定了坚实基础。

（三）影响力评价

畲族服饰是畲族自身传统文化、少数民族民风习俗、历史风貌的具象载体之一，畲族服饰被列入第一批丽水市非物质文化遗产代表性项目名录和第三批浙江省非物质文化遗产代表性项目名录。景宁成功举办了六届族服饰设计大赛，这一大赛已成为畲乡对外宣传的一张金名片。景宁收藏了畲族服饰设大赛的300余套精品，这些服饰精品极大地丰富了畲族族博物馆的馆藏。景宁被浙江省命名为"浙江少数民族服饰发布基地"。景宁多次举行了畲族服饰发展论坛，邀请江苏、浙江、福建等地高校和服装行业的专家学者围绕服饰发展、传统文化弘扬、传统民族服饰与现代时尚有机结合等主题进行了深入探讨和交流。这些活动通过精彩的思想碰撞和深度的交流分享，为提升民族服饰影响力、推动民族服饰产业做大做强出谋划策。

（四）发展力评价

畲族服饰基因具有较高的转化能力，从艺术层面看，畲族服饰图案精美、寓意丰富、做工精致，具有较高的艺术价值和收藏价值。从市场层面看，畲族服饰既实用又美观，具有广阔的市场前景。目前，景宁已经形成服装、头饰、工艺鞋、刺绣、银饰等完整产业链，仅景宁县城就拥有三家规模较大的畲族服饰生产作坊，年营业额上千万。部分企业列入浙江省文化产业发展"122"工程首批重点文化企业、国家少数民族特许商品定点生产企业等。这些畲族服饰产品除在本地和周边地区销售外，还销往福建、广东、江西等地。畲族服饰产业的发展壮大，不仅拓宽了保护和传承民族服饰文化的渠道，还进一步激发了少数民族文化产业的活力。

三、文化元素核心基因保存

就现存代表性实物而言,景宁畲族博物馆是畲族服饰最重要最集中的存放地,里面陈列了许多畲族服饰代表作品、制作工具和生产原料及其相关的文献资料。2018年12月26日,景宁畲族服饰馆正式开馆。馆内分"缘·源""渗·意""臻·新"3个单元,设置大师工作室、穿衣体验的多媒体互动装置和工艺品展示销售、互动T型台等内容,分别展示传统畲服、畲族服饰工艺和现代时尚服饰,通过群众喜爱看和看得懂的展览,全方位推广和传承畲族服饰和制作工艺,扩大畲族服饰的影响力和知名度。

就保护措施而言,景宁先后投入专项资金用于传承人补贴经费、活动经费和加工点保护经费,举办了多次规模较大的畲族服饰设计大赛,举办畲族服饰展,让群众进一步了解畲族服饰。实行畲族干部和窗口岗位统一着畲族服装。在"中国畲乡三月三"和"县庆"等重要节日,鼓励干部和畲民着畲族服装。加强宣传畲族光荣历史,弘扬畲族传统文化活动,提升民族认同感和自豪感。发挥年长的畲族群众对畲族传统文化高度珍惜、保护情感的作用,引导青年一代提高自我保护传统文化的自觉性和积极性。保护和建立畲族服装生产基地,利用媒体扩大宣传面。扩大收存范围,大量收集古老服装加以仿制、翻新,以利长期收藏。

就相关研究著作而言，1931年6月，上海同济大学德国教授哈·史图博和李化民《浙江景宁县敕木山畲民调查记》对景宁畲族服饰作了记载："这里的妇女是保守的，她们至今还保持一些最初的服装形式。这和汉族妇女就不一样了。妇女们相当多地穿着老式剪裁的上衣，没有领子，领圈和袖口上镶着阔边，这些滚边非常绚丽多彩。"1942年，《浙江括苍畲民调查记》记载："男子布衣短褐，色尚蓝，质极粗厚，仅夏季穿苎而已。妇女以径寸余、长约二寸之竹筒，斜截作菱形，裹以红布，复于头顶之前，下围以发，笄出脑后之右，约三寸，端缀红色丝绦垂于耳际。……衣大过膝，色或蓝或青，缘则以白色或月白色为之，间亦用红色，仅未嫁或新出阁之少妇尚之。腰围蓝布带，亦有丝质者，裤甚大，无裙。富者着绣履，蓝布袜；贫者或草履，或竟跣足。其他耳环，指环，皆以铜质为之，所值不过铜元几枚而已"。此外，在《景宁畲族自治县志》《浙江省景宁畲族自治县自治条例》《景宁畲族自治县民族民间艺术资源普查工作资料汇编》等著述中均有关于畲族服饰的相关记载。

近年来，畲族服饰引起了学术界的广泛兴趣，研究成果丰硕，代表性研究成果有：《畲族典型服饰元素在服饰旅游品中的创新设计研究》（浙江理工大学，2018），《浙江景宁畲族凤凰纹研究及在服装设计中的创新应用》（东华大学，2018），《景宁畲族传统服饰艺术在现代的发展研究》（浙江理工大学学报，2014），《美源于情——浙江景宁地区畲族婚嫁服饰特色的考察与思考》（北京服装学院，2010），《近现代景宁畲族宗教服饰文化研究》（浙江理工大学，2004）。

菇民习俗

畲乡景宁　景宁文化基因

菇民习俗

景宁畲族自治县是世界人工栽培香菇发源地，是当今的中国香菇之乡。香菇砍花法栽培技术相传是吴三公发明，已有千年历史。砍花法香菇栽培技艺以及出菇管理和防兽害等手工技艺，成为景宁人民生存和收入来源。乾隆年间，吴氏第十六世祖吴云黄："业承祖命，收取川陕间菰厂息本，跋涉风波，不弃劳瘁，每航利而归，曾不少购私产也。"可见当时菇业相当壮大。尽管现在袋料香菇种植技术已研发成功并加以全面推广，但香菇砍花法技艺作为中华传统文化瑰宝被保护承传至今。英川镇驮湾村刘世祥作为砍花法香菇技艺的代表性传承人,在食(药)用菌技术研发路上,实践不息,探索不止,被人们称为当代的"吴三公"。伴随着人工栽培香菇"砍花法"和"惊蕈术"的发明,菇民们在长期的生产实践中,创造出了丰富的菇民文化,形成独持的生产生活习俗。菇民习俗主要包括:菇民戏、木偶戏、菇民武术、拜菇神、菇民信仰及行会、菇民语言(山白、暗语)、菇民庙会、菇民文教习俗、菇民歌舞、菇民医药等众多菇民习俗。

在历代传承砍花法技艺栽培香菇以来,每一个菇民都有两个家,一个是他们直系亲人所在地,耕种田地,获取五谷杂粮。另一个家是菇农合伙在异地他乡老林中建起来的香蕈寮,从事香菇生产,获得钱财,年年如此,形成习俗。正如历代常说的:"种好田有食粮,上菇山有银担"、"枫树落叶夫妻分别,枫树抽芽丈夫回家"。古人种植香菇,主要靠天吃饭,把一些自然灾害等不理解的自然现象,解释为神灵变化,久而久之就形成了崇拜菇神的习俗。

自明朝香菇成为产业以来,菇民们每年都要到异地他乡的深山老林里去种菇,常遇强抢豪夺之徒和飞禽走兽的侵袭。他们为了防身自卫,练就了一套自我保护的本领,形成了风格独特的菇民武术,经过历代流传,形成了风格独特的防身术。菇民拳以防身为宗旨,招式古朴,讲究紧守门户,主张连消带打,后发制人。英川镇百姓历代尚武,涌现出了武解元林灿华以及林启徐、林启聪、林道亨等一批代表性人物,并传承至今。丽水市菇民防身术非物质文化遗产代表性传承人林平,白坦村人,武术世家,其父林金田乃林启聪嫡传弟子。上世纪末,林平寻师访友,促动武友重温武艺,多次组织参加武术比赛,曾获第七届国际传统武术比赛金牌等。

每年深秋,菇民赴外省营生之前,择吉日上菇神庙奉神,祈求保佑出外平安,生产丰收。每年六至九月为菇事闲季,菇民返乡,还愿谢神,并邀戏班演剧娱神和自娱,故称"菇民戏"。菇民戏原名"英川乱弹",发祥于宋元,形成于明代,盛行于清末,流行于英川、沙湾和龙泉庆元交界一带以及江西、福建部分地区。菇民戏是在婺剧词曲的基础上,吸取徽戏、赣剧、瓯剧等特点发展而成,其戏剧演奏、曲调、唱腔、对白等具有英川地方特色，是一种介于歌舞、曲艺和小戏之间的富有浓郁乡土气息艺术形式。2007年，菇民戏被浙江省人民政府列入第二批非物质文化遗产代表性项目名录。每年的春节、文化遗产日、畲族三月三等重大节庆期间，文化部门都会请菇民戏团参加全县的非遗展示展演。菇民戏早期代表人物有毛锡祥、刘德康、张步鸿等，如今吴小珠等一批新秀，接过前辈戏担，成为菇民戏的优秀传承人。此外，菇民在深山香蕈寮中或远在他乡时，也常用木偶戏表达他们的祈福、许愿和还愿之心，通过生动形象的表演，表达菇民内心的愿景。木偶戏被列入浙江省非物质文化遗产代表性项目名录，吴少华为县级代表性传承人。

一、文化元素分解

（一）物质要素

1. 神秘简单的砍花法工具

自古相传的砍花法栽培香菇技艺，在深山老林中分散进行，采用代代传承，口传身教的传承方式，因此只有景、龙、庆三县相传密诀，他人学不到。采用砍花法栽培香菇，只要有菇木、斧头、劳力就可以生产。菇山、菇木都是由种菇人根据经验，就地选取，使用普通的斧头就可以种出无根、无叶、无花、无果（种子）的神奇香菇，显得格外神秘而又简单。

2. 祈愿丰收的菇民戏道具

菇民戏本身的伴奏乐器主要有：二胡、唢呐、笛、大锣、小锣、月琴、鼓、板等。演出服饰主要有：袍、甲、孔明服等16种。菇民戏主要是菇民丰收返乡，还愿谢神时演出，曲目大多以祈祷六畜兴旺，五谷丰登，平安吉庆为主。在戏曲演出中大量使用到日常用品、五谷、家禽、猪肉、各种食品等道具，以表示祈愿丰收之意。

3. 历史久远的菇神庙

位于龙庆景交界的包坑口菇神庙是景宁最古久老庙之一，具有上千年的历史，信众众多。包坑口三合堂原是景宁，龙泉，庆元三县菇民集资，于同治二年（1863）始建于包坑口的五显大帝庙。光绪三十四年（1908）迁入龙庆景三县菇民工会在广东省韶卅府城内建立的三合堂香菇公馆。在原五显大帝庙周边，购买山林田地二十多亩，扩建三合堂，菇帮公所和常用服务设施。自此以后，成为三合堂、菇帮公所、五显大帝庙为一体的菇民发展香菇产业的政治、经济、文化中心，是龙庆景三县菇民领袖唯一的办事机构和三县菇民纪念五显大帝的集散地。菇神庙经过历代修建，庙周围塑龙凤枹角，庙内画出古画名人神像，彩色贴金，中堂四支大柱，描画双龙凤绕柱，左右吊挂如玻璃挂一样光亮铜钟大鼓，中堂摆着石元宝，木元宝的桌子，金石铜铁各种香炉，有金银铜酒杯酒盏，锡石铜的烛台，还有各时期石碑排列在两旁，在当时成为龙庆景三县最著名庙堂之一。这些古物一直保留到一九五一年，土改时此庙属于干山乡金岱村管理，重要古物分给贫雇农民做私人财产，庙内物品大多在破四旧时遭损毁，唯有现今存留不多的少数物品依稀能够看出当年菇神庙的辉煌。

（二）精神要素

1. 不屈不挠的探索精神

最初人们认为香菇是无根、无叶、无花、无果（种子）的神奇作物，无法进行人工栽培。在长期的采食中，景宁人民逐步认识香菇生长季节、生态环境和生长基质，开始探索人工栽培技艺。英川、鸬鹚等乡镇境内的不少山村民众开始探索砍树种菇。有的不出菇、有的出菇很少，有效益的很少。但菇民们不屈不挠，在反反复复的探索中，总结出适应香菇生长的树木品种、生态环境和地理气候，逐渐认识到香菇对基质含水量、空气湿度、光照有特定要求。经历几代人的不断尝试、实践探索，最终总结出选菇山、选菇木、砍树、砍花、砍放水口、遮衣、出菇管理、采收、烘菇等的种植程序，形成神奇而独有的砍花法技艺。

2. 不畏艰险的拼搏精神

自明朝香菇成为产业以来，菇民每年都要到异地他乡的深山老林里去

种菇,来年又要把香菇运出山去销售,生产条件异常艰苦,经常会遇到强盗侵扰和飞禽走兽的袭击,菇民历尽艰难。为了防身自卫,菇民不畏艰险,凭借木棍、斧头等简单的生产工具,在抵御深山野兽侵害和盗贼强人偷窃打劫的过程中,逐渐练就了一套自我保护的本领,形成了风格独特的菇民武术。

3. 知恩图报的传统美德

相传吴三公在长期实践中,从传统种菇经验中得到启示,创造了砍花法,为人工栽培香菇奠定了基础。砍花法香菇种植工艺为生活在大山深处的菇民增加了新的收入来源,改善了人民的生活。因此吴三公被菇民奉为"菇神",修建菇神庙进行纪念。菇民每年进山种菇前都要到菇神庙祈愿丰收,等到丰收而归的时候,则回到菇神庙还愿,感谢菇神的保佑。为表隆重,还愿时往往请菇民戏表演,以示感恩菇神之情。历代菇民还利用自己种菇所得,不断集资修缮菇神庙,菇神香火得以延续千年。

(三)语言和象征符号要素

1. 质朴粗犷的菇民乐曲

菇民大多没有文化,也不懂音乐知识,但文化乐趣极其丰富,他们自编唱调、自创歌谣、戏曲,将劳作、生活和愿望融入乐曲表达出来。由于菇民大多劳作于深山老林,因此形成的菇民戏曲旋律激越优美而又质朴粗犷,唱腔跌宕起伏。菇乡民歌表达了菇民的质朴心声,各地农村,家家户户,男女老少,自编自唱,他们在生产、生活各个方面以歌为伴,亲情、友情、爱情无所不唱,丰富多彩,趣味无穷。

2. 简单实用的菇民武术动作

菇民防身术历史悠久,内容丰富,是菇民的智慧与辛勤汗水的结晶。菇民防身术集技击、审美、健身、育人、精神价值于一体,是中国古老传统武术的一个重要组成部分。菇民武术的诞生环境源于菇民简朴生活环境和简单的生产工具,因此武术动作多拳法,少腿法,注重下盘功夫,以气催力,稳扎稳打,攻防兼备。讲究力学原理,没有花架子,招式扑实无华,简单实用。

(四)规范要素

1. 凝结菇民智慧结晶的砍花法技艺

砍花法从发明应用于生产至今已有800多年历史,它是菇民辛勤和智慧的结晶。香菇砍花法技艺要领为：两选、三砍一遮、四保。两选，即选山、选木，是砍花法栽培香菇的基础工作。选菇山是选取适宜香菇生长的地理环境，通过实地"六看"确定菇山：一看山势，山前要空阔；二看坐向，坐北朝南，冬暖夏凉；三看菇木，菇木要多，树种要好；四看树色，菇木茂盛，皮层发达，以带有红丝色树皮的菇木为上品；五看土质，土地肥沃，腐植土层厚；六看水源，既方便生活，又利于抗旱催菇。选菇木，即选取可以用来种香菇的树木，良好栽培价值的树种有：红栲、白栲、毛栲、枫香、化香、檀香、甜槠、米槠、苦槠、白栎、麻栎、毛栗、金栗、古栗、鸟岗、鹅耳枥、橄榄、肝心、杜红、黄柴等树种。三砍一遮，即砍树、砍排水口或保水口、砍花、遮衣等四道工序。砍树要把树根部砍成雀口，有利树根部萌发树枝生长。菇木砍伐时要选好倒向；砍排水或保水口：在菇木的二分之一或三分之一处砍一个或两个排水口；砍花，又叫点花，是极其严格而严密的手工技艺。采用的斧头必须斧口锋利又平直,在原木两侧，以每隔三、四寸的间距砍几列伤口，伤口的深浅要看树种和场地来确定，伤口的深浅分薄篾、半粒米、细粒米、粒米、驮（大）粒米、玉米粒等。遮衣：砍花法栽培香菇，菇木要2-3年开始出菇，为防止菇木日晒脱皮，在菇木上方留好阴凉树，以树枝树叶遮盖菇木，遮盖时要有利通风，保持菇木周身接受新鲜空气和空气中漂浮的香菇孢子。四保，即在出菇管理期保护好山林生态，保护好菇木，保护好香菇生长期安全，保持每天巡山检查管理，确保香菇丰产丰收。

2. 按部就班的菇民戏演出程序

菇民戏常在菇民返乡、敬谢菇神时演出，是菇民艰辛生活的佐证和精神寄托，在娱神娱人的同时又具有一定的严肃性，因此戏曲的演出程序往往严肃谨慎、按部就班。菇民戏的演出程序为开台、排八仙、正目、扫台等。凡遇新建戏台，均需开台。菇民戏在各殿演出的开场戏必须要排八仙小戏。

以八仙角色表演谢神仪式，表示谢神和庆祝菇业的兴旺。小戏过后进入正目，即正本戏，各戏班的正本戏各有不同，共有数百本之多。正戏过后是扫台，即每台戏的最后一场，由"包公"带领"张龙赵虎"上台、悬照妖镜，以示避鬼驱邪，祈祷六畜兴旺，五谷丰登，平安吉庆。

二、文化元素核心基因提取与评价

砍花法香菇种植技艺和菇民武术的形成，体现了菇民在艰苦卓绝的自然环境和只有简单生产工具的条件下，面对危险和困难，不畏艰险，艰苦拼搏，勇于探索的奋斗精神。在所形成的菇民戏等众多菇民习俗中，显示了菇民饮水思源，知恩图报的优良传统美德，非常值得发掘继承和发扬光大。

畲族菇民习俗文化基因评价表

评价项目	评价因子	评价依据（特点）	是否
生命力评价	文化基因存续的时间	自出现起延续至今，未曾明显中断	
		自出现起延续至今，但多次衰微、中断后复兴	√
		曾明显衰败，改革开放后开始复兴或历史溯源关键环节缺失，难以考证	
		文化形态主体已灭亡，现存部分痕迹	
	文化基因的稳定性	在发展过程中保持相当稳定的状态	√
		在发展过程中存在明显的精神内涵、表现形式剧变	
凝聚力评价	文化基因的凝聚力及社会动员效果	曾广泛凝聚起区域群体的力量，显著推动过社会经济文化的发展	√
		曾部分凝聚起区域群体力量，对社会经济文化的发展产生过影响	
		凝聚过力量，创造过实际的发展动能，但未见对社会经济文化发展产生显著改变	
		仅在历史文献或口耳相传中存在，未见实际介入社会经济发展	

续表

评价项目	评价因子	评价依据（特点）	是否
影响力评价	辐射的范围	具有全国性、世界性的影响力	
		具有长三角区域、浙江省影响力	√
		具有市县、乡镇影响力	
	提炼的高度	已经被古代文人士大夫和当代学者提炼为精神符号和理念理论	√
		单纯的样式、造型、工艺技术规范	
发展力评价	与当代精神追求和价值观念的契合	传统文化基因得到创造性转化、创新性发展；区域革命文化基因被完整继承、广泛弘扬；区域社会主义先进文化基因成为与浙江"三个地"相适应的文化高地	√
		部分转化、部分弘扬、部分发展	
		难以转化、难以弘扬、难以发展	
说明：基因特点评价是对解码出来的基因，根据本《导则》表2的要求，围绕"四个力"逐一对表打"√"，进行定性表述			

（一）生命力评价

据调查资料分析和有关历史文献记载，砍花法从发明应用于生产至今已有800多年的历史，明、清两代是最兴旺的发展时期。在二十世纪中、早期发展旺盛，抗日战争时期，菇民外出安全受到挫折，菇民减少，建国以后，菇业重新繁荣。随着科技进步，研制出香菇菌种，用于原木和段木栽培，逐渐替代了砍花法生产。伴随着香菇产业的兴衰，菇民习俗几经浮沉。菇神庙一度遭到损毁，后虽重建，已不复当年盛况，祭祀、祈愿活动也逐渐减少。菇民戏的演出机会亦越来越少，老演员相继谢世，新演员因其季节性强，收入低不愿学，致使菇民戏处于濒危状况。八十年代后期以来，随着科技日益发展，袋料香菇生产技术普遍推广，菇民的生产环境大大改善，不再受野兽等的侵袭，习武之风日渐消退，当年曾教拳的菇民也很少操习，以致荒疏，菇民防身术面临失传。菇民习俗是菇民文化的具体表现，具有重要的文化研究价值。景宁各级政府将抢救菇民习俗作为一项重要的工作，菇民戏、菇民武术、菇神祭祀等菇民习俗又重新焕发出了新机。

（二）凝聚力评价

景宁菇民习俗传承数百年，经久不衰，与景宁香菇产业的蓬勃发展密不可分。经过上千年的传承和创新发展，涌现出了"大自然食品有限公司"等一大批优秀的香菇生产企业，带动上万农户从事香菇生产，直接和间接地创造了几十万人的就业机会。景宁的香菇产品通过了 ISO9001、HACCP、GAP 等认证，被认定为绿色食品 A 级产品，创造出了"南野牌""山山牌"等知名香菇产品品牌。伴随着香菇产业的蓬勃发展，与菇民习俗有关的文化产品和活动也蓬勃发展。景宁香菇砍花法非遗馆、景宁香菇文化非遗馆等非遗馆即将或已经建成。浙江星缘文化创意有限公司在畲乡古城建立了景宁香菇非遗、科普馆。星缘文创运用传统非遗捏塑创作了上千种泥塑菌菇，接受央视的采访时，被记者称为"世界菇模"的发源地。菇民戏为省级民族民间艺术资源保护项目，在"畲乡三月三"的专场演出活动引得观众好评如潮。通过抢救，部分菇民已开始回忆恢复菇民拳，一些拳术及械类套路已开始在节庆活动上展示，并在各种武术运动会中屡屡获奖。

（三）影响力评价

香菇文化是景宁最具影响力的文化之一，围绕香菇文化诞生了香菇砍花法技艺、菇歌、菇民习俗、菇民戏等一大批非物质文化遗产。砍花法是我国劳动人民在认识自然、改造自然、利用自然中的一项伟大创举，是中华农业文化史上的一座丰碑，必将永载史册。传承人刘世祥前后承担袋料栽培香菇"星火计划"、"丰收计划"和新品种、新技术、新工艺、试验和推广等 10 多个课题，获得科技奖、论文奖 10 多项，被称作当代吴三公，其事迹被《农民日报》《浙江日报》《丽水日报》以及《开拓者》《创业者》等广泛报道。菇民戏的音乐曲调经过上百年的逐步演变而成的"徽"、"乱"、"滩簧"等多声腔剧种。由于戏班到各地演出，演员相互搭班，与其他剧种交往频繁，彼此取长补短，相互交流，使菇民戏博采众长，逐渐丰富，形成独特的多声腔剧种。菇民防身术历经数百年的传承与发展，作为传统武术体育发展的典型代表，近年取得巨大成功。2008年浙江景宁成立地方拳分会，以挖掘和推广菇民拳为主，同年举办了中国畲乡首届传统武术比赛。2010年景宁地方拳分会参加第七届国际传统武术比赛，菇民拳、菇民板凳、菇民铁尺等荣获三项金牌。

（四）发展力评价

菇民习俗基因具有较高的转化能力。香菇产业是景宁的支柱型农业产业之一，年产香菇、黑木耳干品、鲜品数万吨，产值达数亿元，产品远销日本、韩国、新加坡、美国、香港等20多个国家和地区。景宁县被称为"中国香菇之乡""全国食用菌行业先进县"。与香菇有关的旅游文创产品也丰富多彩。畲族香菇产业的发展壮大，不仅拓宽了保护和传承香菇文化的渠道，激发了少数民族文化产业的活力。星缘文创运用传统非遗捏塑创作了上千种泥塑菌菇，其产品进入阿里直播间，受到消费者追捧。菇民戏、菇民文化节、菇神庙祭祀等文化活动也越来越受到游客的欢迎。

三、文化元素核心基因保存

就现存代表性实物而言，景宁畲族博物馆是香菇文化最重要最集中的存放地，里面陈列了许多菇民生产生活用品及其相关的文献资料，展示了早期菇民的生产生活环境。景宁香菇砍花法非遗馆和景宁香菇文化非遗馆也在立项建设中。菇神庙经过重新修缮，已经成为香菇文化的重要展示场所。

就保护措施而言，景宁县委、县政府高度重视对香菇文化的保护、传承的工作，财政投入大量资金用于对菇民戏、菇民拳、砍花法等的保护和开发工作。申报了香菇民俗、香菇砍花

法、菇民戏、菇民拳等一系列非物质文遗产，并建立了传承人数据库。

就相关研究著作而言，西晋张华（232—290）在《博物志·异草木》中记载："江南诸山郡中，大树断倒者，经春夏生菌谓之椹，食之有味……"。南宋嘉定二年（1209），何澹将以吴三公为代表的龙泉、庆元、景宁三县历代菇农发明创造的香菇"砍花法"入载《龙泉县志》，是全世界最早最完整的香菇砍花法栽培技术文献。据民国13年（1924）叶耀庭编著的《菰业备要》载：明太祖朱元璋奠都金陵，因久旱祈雨而食素，苦无素菜。刘伯温以菇进献，太祖尝之甚喜，旨令每岁置备。刘伯温顾念景庆龙三县山多田少，地瘠民贫，遂奏请太祖以种菇为三县专利。《景宁畲族自治县志》《浙江省景宁畲族自治县自治条例》《景宁畲族自治县民族民间艺术资源普查工作资料汇编》等著述中均有关于畲族香菇文化的相关记载。

近年来，跟香菇文化有关的菇民习俗引起了学术界的广泛兴趣，研究成果丰硕，代表性研究成果有：《浙西南菇民戏传统剧目研究》（文化学刊，2017），《香菇栽培起源与香菇文化发展》（浙江食用菌协会，2016），《浙江畲族武术的地域性特征》（中国体育科学学会，2011），《浙西南菇神庙会的祭祀仪式与仪式音乐》（乐府新声，2009），《菇神庙——菇民信赖的护身伞》（农业考古，2005）。

惠明茶

畲乡景宁 景宁文化基因

惠明茶

惠明茶，因僧得名，千古禅茶，惠明茶的种植与生产始于唐代，距今已有1100多年的历史。唐高宗龙朔元年（661），惠明禅师与禅宗六祖惠能因大庾岭公案，于江西大庾岭分道扬镳，惠明禅师来到景宁，在南泉山（敕木山）上结庐修禅，于公元663年离开景宁前往江西。惠明禅师懂茶、嗜茶，在景宁期间发现敕木山上有野生茶树，就采茶炒制，结舍布施，教化村民，利用茶叶为村民治病，帮助当地村民度过了一场瘟疫，并向村民传授种茶技术，制茶技艺，在景宁民间留下许多佳话。

民众为了感恩惠明禅师，唐咸通二年（861）在原址修建了寺庙，以惠明禅师的法名而命名为惠明寺，寺院里的僧人在惠明寺周边种植茶叶。1650年畲民移居到惠明寺村以后，村民开山种茶，将所产茶叶称为惠明茶。由于惠明茶品质优异，属茶中珍品，据处州府志载：明成化十八年（1482），惠明茶成为贡品。

民国四年（1915），惠明茶以"兰香果韵"的独特风格在美国旧金山举办的巴拿马太平洋万国博览会上获得金质奖章和一等证书，从此惠明茶被称为金奖惠明茶。1978年惠明茶被省级主管部门定名为"金奖惠明茶"，2004年、2009年连续两届被评为"浙江十大名茶"，2010年在上海世博会上再次获得世界金奖。随着现代科技进步，机械加工茶叶快速发展，惠明茶的加工由全手工逐步转向半机械或全机械化生产，传统的手工制作工艺日益式微。

一、文化元素分解

（一）物质要素

1.历久弥香的千年原叶

惠明茶王树生长于景宁县敕木山村茶王居边，据畲民蓝华庆介绍该茶树长在菜园地里，世代相传。茶树高6米，树幅11米，占地122平方米，4厘米以上骨干枝71支，最大主枝直径14.3厘米，年可采鲜叶约25千克，故称其为"惠明茶王"。景宁本地繁育良种"景白1号"灌木型，中叶类，树型直立，树姿半开张，生长势强，叶片上斜，叶形长椭园，叶面隆起富有光泽，分枝密度中等。叶片长度7.1—11.5厘米，宽2.4—4.0厘米。发芽密度中等，芽头肥壮，持嫩性强，生长势强。抗旱性和抗寒性强。景宁本地常年在2月底至3月初开始发芽，3月底4月初开采，比"白叶1号"迟2—4天；3月底至5月上旬为白化期，叶色乳白透明，具有白化茶树品种典型的品质特征，白化性状稳定。产量较高，氨基酸含量是常规品种的2至3倍，品质优，适制高档名优绿茶。

2.山高水好的自然环境

惠明茶产区，自然条件十分优越，主产区位于敕木山区，主峰海拔1500米，峦接云霄，山上林木葱茏，云山雾海，气象变化万千，土壤以酸性沙质黄壤土和香灰土为主，土质肥沃，雨量充沛。"高山云雾出好茶"，景宁是长三角地区千米以上高山最多的县之一，是典型的低纬度高海拔山区县。景宁县属中亚热带季风气候，四季分明，热量丰富，温暖湿润，无霜期长，形成了"冬暖夏凉"的气候特点，非常有利于茶树的生长和有效物质积累。山中泉眼众多，涓涓细流，大旱不涸，茶树所需水分一般靠天然降水和山泉水灌溉，无污染。山区常年云雾弥漫，漫射光多，立体气候明显，对茶叶芳香物质等形成与积累，提高茶叶品质极其有利。

3. 因地制宜的制作工具

惠明茶传统制作工具的特点是因地制宜、沿袭传承、简单实用，茶农大量采用本地材料。竹篓、篾篝、竹匾、焙笼等制茶工具的原材料主要采用本地毛竹，炒茶用锅采用日常生活用锅，无需特别订制，简便实用。惠明茶制作工具工艺简单、经久耐用、代代相传。

（二）精神要素

1. 天人合一的茶禅理念

在中国悠久的茶文化中，历来"茶禅一味""茶佛一体"，佛教禅宗主张圆通，通过饮茶把自我与山水、自然融为一体。茶有"提神、助消化、静心"三德，利于僧人坐禅，故历代佛教倡导饮茶。古时景宁寺院、佛殿众多，惠明寺的建成对景宁惠明茶的发展和文化延续起到了极具重要的作用。

2. 来客敬茶的畲家民风

我国素有"名山、名寺、名茶，自古高僧倡名茶"之说，从唐朝开始景宁的佛庙里就已注入茶道。唐咸通年间，惠明和尚结庐修禅，唤山民助工，种植茶树，采制好茶，乐善好施，招待香客。畲族是一个古老的民族，悠久的历史涵养了畲乡浓厚热情的好客文化。来客敬茶向来是畲家的民俗，自唐以来景宁山区一直流传，"人客落寮就面座，一碗清茶无须讨"的民歌，可见饮茶之风就十分甚盛。

（三）语言和象征符号要素

1. 兰香果韵的品质特征

优越独特的自然环境，加上独特的加工工艺，造就了惠明茶"色泽翠绿，香高味浓，耐泡回甘，滋味鲜爽，富含兰花香、水果味"的独特品质特征。惠明茶具有条索紧秀，银毫显露，味浓耐泡，外形色泽翠绿，汤色碧绿，叶底嫩绿。南泉水所泡之惠明茶，有"一杯淡，二杯鲜，三杯甘又醇，四杯五杯茶韵犹存,味浓持久,回味鲜醇甘甜,富含独特的兰花香水果味"之风格,是高雅名茶所具有的品质。惠明茶含游离氨基酸占干物质2.5%—3.5%,高的年份达3.5%—4.5%,甜鲜味游离氨基酸占总量75%—90%,酸苦味占总量的25%—10%,酯型儿茶比例高。

2. 雅俗共融的茶道茶歌

景宁惠明茶道茶歌文化源远流长,用茶民俗别具一格,历代相沿成习,形成了独特的地域文化。惠明茶非常讲究"饮茶之道",寺院内设有"茶堂",法堂内置有"茶鼓",僧人中有"茶头"和"施茶僧"。自古茶"爱僧家、慕诗客",《泡茶歌》吟唱"茶牙摊开天门路,茶子破开地狱门",《多谢茶》有云"多谢茶,多谢茶,多谢盛情泡好茶；一碗茶儿清又清,到你宅堂保人丁；一年四季都清吉,年月日时保平安"。清邑人拔贡严用光采风悠闲田野农庄生活,作《采茶词》"女儿颜色美如花,小队墜筠篮去采茶,差喜今年春雨足,头網八饼味清嘉。"

（四）规范要素
1. 精工细作的制作工艺

传统惠明茶的手工制作工艺流程包含鲜叶采摘→摊放管理→杀青→摊凉回潮→揉捻→做形→摊凉回潮→提香→拣剔→包装等工序。采摘标准以一芽一叶、一芽二叶初展为主,芽叶完整,色泽鲜绿,新鲜、匀净；采摘方法一般采用提手采法,不用指甲掐,不一把捋。摊放管理宜在厂内清洁通风条件下薄摊4—8小时。杀青要求在炒茶锅进行,锅温200℃左右,投叶量0.25—0.4公斤,采用抓、抖、抛、闷相结合手法灵活运用,当青叶炒至表面失去光泽,手捏成团,松手能自然弹开,折茎不断,茶香散发即可。摊凉回潮即在杀青叶出锅后立即抖开散热,使茶叶重新走水份分布均匀。捻揉要用双手抱茶成团,一手送一手收,逐渐加力揉紧,中间解块1—2次,当茶叶条索紧卷,成条率达85%以上即可。做形决定茶叶外观,宜锅温70—80℃,投叶量0.25—0.3公斤,采用抖、理、翻、搓等手法,炒至茶叶有触手感,达八成干时出锅。回潮是茶叶出锅立即抖开散热,使茶叶重新走水。提香须等水份走匀后,在烘笼上进行,温度70—80℃,手势轻,避免断碎,当水分达到要求时下烘。

拣剔即拣去茶果、茶蒂、黄片及非茶类夹杂物，及时装入清洁、避光、密封茶叶专用包装袋中保存。

2.言传身教的传承范式

惠明茶手工制作技艺发源于以惠明寺村为中心的各畲族村落，其核心是"手力"和"火候"。惠明茶手工制作工艺是历代传承下来的技艺，几乎家家户户都会炒制茶叶。目前代表性传承人有两位，一位是蓝华亮，男，1964年出生，景宁畲族自治县鹤溪镇敕木山村人；另一位是雷顺平，男，1972年出生，景宁畲族自治县鹤溪街道敕木山村人。其传承谱系为祖辈→蓝石生→蓝景福→蓝陈昌→蓝华亮→蓝小绿；祖辈→雷成女（1845—1917）→雷木火（1902—1982）→雷启花(1934—2010)→雷燕兰(1955—)→雷顺平（1972—）。

二、文化元素核心基因提取与评价

惠明茶文化元素核心基因提取包含以下两个方面：一是天人合一的茶禅理念，二是来客敬茶的畲家民风。

惠明茶文化基因评价表

评价项目	评价因子	评价依据（特点）	是否
生命力评价	文化基因存续的时间	自出现起延续至今，未曾明显中断	√
		自出现起延续至今，但多次衰微、中断后复兴	
		曾明显衰败，改革开放后开始复兴或历史溯源关键环节缺失，难以考证	
		文化形态主体已灭失，现存部分痕迹	
	文化基因的稳定性	在发展过程中保持相当稳定的状态	√
		在发展过程中存在明显的精神内涵、表现形式剧变	
凝聚力评价	文化基因的凝聚力及社会动员效果	曾广泛凝聚起区域群体的力量，显著推动过社会经济文化的发展	√
		曾部分凝聚起区域群体力量，对社会经济文化的发展产生过影响	
		凝聚过力量，创造过实际的发展动能，但未见对社会经济文化发展产生显著改变	
		仅在历史文献或口耳相传中存在，未见实际介入社会经济发展	

续表

评价项目	评价因子	评价依据（特点）	是否
影响力评价	辐射的范围	具有全国性、世界性的影响力	√
		具有长三角区域、浙江省影响力	
		具有市县、乡镇影响力	
	提炼的高度	已经被古代文人士大夫和当代学者提炼为精神符号和理念理论	√
		单纯的样式、造型、工艺技术规范	
发展力评价	与当代精神追求和价值观念的契合	传统文化基因得到创造性转化、创新性发展；区域革命文化基因被完整继承、广泛弘扬；区域社会主义先进文化基因成为与浙江"三个地"相适应的文化高地	√
		部分转化、部分弘扬、部分发展	
		难以转化、难以弘扬、难以发展	

说明：基因特点评价是对解码出来的基因，根据本《导则》表2的要求，围绕"四个力"逐一对表打"√"，进行定性表述

（一）生命力评价

惠明茶虽1915年获得国际金奖，但在旧社会由于战争及社会动荡导致茶产业一直衰落未振，惠明茶的采制工艺也濒临失传。新中国成立后，景宁提出"立即恢复培植原有荒芜茶园，改进技术，提高品质，逐渐扩大"的号召，并组织茶叶产销合作社，大力发展茶叶生产，到1959年，茶叶生产初见成效。上世纪70年代以来，在各级政府和农业主管部门重视下，茶叶技术干部深入惠明茶区进行自然资源和历史渊源情况调查，依靠群众发展名茶生产，在惠明寺、漈头、敕木山村建设集中成片高标准三保基地，惠明茶挖掘恢复工作全面启动，带动全县茶产业的发展。2017年惠明茶与上海静安寺结缘，上海百寺公益基金会投资建设惠明禅茶文化产业园，再续惠明茶之

辉煌。

（二）凝聚力评价

惠明茶具有非常明显的历史特征和民族文化特征，显示了极强的文化凝聚力。惠明茶始于唐代，距今已有1100多年的历史，深获百姓喜爱。景宁是全国唯一的畲族自治县，也是华东六省一市唯一的少数民族自治县，惠明茶发祥于惠明寺，惠明寺是畲族居聚区，现今惠明茶这一历史传统名产，蕴含着深厚的畲族文化和茶文化，成为畲乡珍宝。2010年5月24日，原国家质检总局批准对"惠明茶"实施地理标志产品保护。

（三）影响力评价

惠明茶在国内外具有极强的影响力。1915年惠明茶被浙江省政府作为中国农产品选送巴拿马万国博览会评比，获金奖和一等证书，是全国茶叶类中在国外获奖最早、级别最高的产品。2004、2009两度评为"浙江十大名茶"，2005年被国务院机关事务管理局确定为特供专用茶。惠明茶是众多名茶中的精品，茶界泰斗庄晚芳先生给惠明茶以"惠明山寺产仙茶，品质特优中外夸"的题词，无论是茶界专家或是品尝过惠明茶的朋友，都对惠明茶品质以高度评价和赞赏。

（四）发展力评价

惠明茶是绿茶中的珍品和传统保健绿色饮品，具有提神消腻，解渴生津，利尿明目，解毒保健等功能。茶叶虽然处处有之，但惠明茶与众不同，其优异品质吸引着消费者，市场前景广宽，全县近3万农民靠种茶走上致富路，惠明茶产业成为富民强县的好产业。惠明茶的品质独特、经济价值高，具有很强的文化发展和传承力。2019年2月24日景宁畲族自治县第九届人民代表大会第三次会议审议通过的《景宁畲族自治县促进惠明茶产业发展条例》，2019年5月31日经浙江省第十三届人民代表大会常务委员会第十二次会议批准，自2019年8月1日起施行，该条例明确将惠明茶产业逐步培育为县域主导产业。

大涤罐

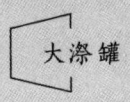

景宁大漈罐筑窑制陶始于宋代，至明代烧制技术已较为成熟。在交通闭塞、仅凭肩挑运输的环境下，产品畅销景宁、云和、龙泉、庆元、青田、丽水、文成、泰顺、平阳、瑞安及福建省政和、寿宁等地，用大漈罐换回的现金、实物，成为当时村民的主要副业收入。

1953年，景宁组建大漈乡陶瓷社，直属县手工业总社管理，产品统一销售，职工按件计酬，由陶瓷社统一发放工资。在大漈、彭村分别筑有长窑，年产量达50多万件，产值超百万。

1961年,陶瓷工人全部下放支农,陶瓷社名存实亡,致使厂房失管,罐窑倒塌,至1975年彻底破产。1982年,大漈乡党委、政府召集制陶产业工人,召开制陶会议,同年县财政支持贷款,11月动工筑窑,建立机构,修缮厂房,恢复陶瓷生产。但因商品市场发生变化,各种铝制品、塑料制品充满市场,替代了粗放、笨重、易碎的陶罐,大漈罐销路受严重影响,加之交通不便,多数产品受到淘汰,经济效益低下,恢复工作不了了之。以后,随着农村改革的深入,原来十来个制陶工人只利用劳作之余个体制作经营陶罐,仅制作一些火笼罐、煎药罐、炊饭鐏、风炉、锅盖等产品,规模小,产品单一,制陶业一度萎缩。2010年,大漈罐技艺被列入省级非遗传承项目。

经过多方长期努力,大漈罐技艺于2010年被入列省级非遗传承项目。近年来,在党和政府的重视下,畲祖烧文化博物馆创始人毛根深对大漈罐非物质文化遗产进行了挖掘、研究和抢救,创建了作为景宁民族品牌的非物质文化遗产"畲祖烧",使畲祖大漈罐重新进入人们的视线。

一、文化元素分解

（一）物质要素

1. 亿年演化的火山泥

大漈地处浙南高山海拔1000多米，是少有的高山湿地，特有陶土是由火山历经亿年演化形成的火山泥，含铁极高，陶泥中含有30多种有利于人体健康的微量元素。大漈陶瓷制作选用田层底泥（俗名潜泥），由于大漈多数田为冷水田，常年浸水，取其底泥必须掀去面泥，往往掀去1—2米丰厚的面泥，方为底泥，取其潜泥，去其砂粒，选料十分讲究。

2. 结实耐用的木槌

选好的潜泥再经筛选后，为增加潜泥韧性需要槌泥。槌泥的工具为木槌，圆形，长30—40厘米，直径为10—15厘米，有一木柄，约80—100厘米，反复槌炼，发现砂粒，及时拣除，待其潜泥黏性突出为止。一般一次槌泥只能25—50公斤，槌炼好后堆放，再取25—50公斤，反复进行。

3. 轻巧灵活的圆木盘

制作陶瓷用车盘。在地下挖一个深一米许的坑，坑中央打一木桩，将木桩上方削尖，上放一直径为100—120厘米的木盘，下方中央装有一圆状陀螺，刚好对准坑中央木桩的尖头。用脚沿木盘转动，因惯性作用，使脚或棒离开后，也不停地转动，木盘中央圆心有大约20厘米的圆木片（视陶瓷底部大小可调换）。将揉捏好的潜泥，放在圆木片上，转动木盘，双手按其转动速度或转、或松、或紧，并不时添水，使泥团按要求组形。

4. 形状各异的烧陶窑

大漈的罐窑，有大小高低长短之分。当年集体生产时品种数量多，大漈、彭村等村就有长几十米、高二米余的大窑。如今单家独户的窑，按其成品大小，火色时间的长短，分为大中小三种。占地面约20—30平方米，且三种窑连在一起均用泥砖筑成。小窑较矮，只有1米高左右。一般烧制火笼罐、筷子筒等小件陶器，且火色弱，只需用杉树刺、松毛、芫衣等燃料，时间也较短，一般只需六七个小时。大中窑稍高，人不能直立，堆放的陶瓷坯品较大，如酒罈、炊饭鐏、油罐等，烧的燃料需用松木爿，时间也需十小时左右。

（二）精神要素

1. 典雅美观的审美情趣

景宁大漈罐是景宁人民智慧和文化的具体体现，当代大漈罐将畲族元素融入到制作中，从旧时的生活用品摇身变为精美工艺品，而大漈罐也有了自己新的名字——"畲祖烧"。大漈罐外形典雅美观，有着粗糙而古朴的自然体态，造型严谨工整，艺术形式与工艺处理，体现亲近自然的审美情趣，虽然没有华贵与盛名，但其精致的现代工艺和古朴典雅的风貌仍然具有较高的欣赏价值和文化价值。

2. 精益求精的匠人精神

制作大漈罐陶瓷工序繁多，要求严格，全手工工艺，制作工序复杂，成品样式多种多样，用途广泛。当代大漈罐制作延续了前人的制陶精神，融入了当代的科技手段，不断创新造型和装饰设计，体现出精益求精的匠人精神。

（三）语言和象征符号要素

1. 长寿圣器

大漈罐制作原料采用含铁等多种有益人体健康的火山泥，搭配各种天然植物的灰釉研制而成，采用古老小龙窑还原烧成，使大多数的有益元素保留于器体，使得大漈罐具有耐高温、储藏食物不易腐败等特点，让畲乡祖祖辈辈视为长寿圣器。

2. 畲族文化元素

现代大漈罐传承人通过研究大漈罐的历史文化，发现大漈罐跟畲族的陶艺具有很深的渊源。把大漈罐的技艺与畲陶的技艺相结合，融入畲族的一些文化元素，如凤凰图腾、牛头等畲族符号，成为具有丰富畲族文化内涵的"畲祖烧"。

（四）规范要素

1. 复杂严格的工艺流程

制作大漈罐陶瓷工序繁多，要求严格。找泥—采泥—制土—发土—练土—拉坯—成型—修坯—打花—干燥—雕刻—上釉—加釉—入宝—入窑—烧成—焖窑—出窑—修整—成品等20多道步骤，制作工序复杂，成品样式多种多样，具有较强的实用性及观赏性。

2. 历史悠久的技艺传承

大漈罐是大漈乡的一种民间艺术，景宁大漈罐始于宋末，年代久远，传承方式为拜师收徒。大漈罐制作技艺历史悠久，传承有序。主要传承谱系为：泮昌隆→梅振才→泮仁根→梅明鹏→毛根深。

二、文化元素核心基因提取与评价

大漆罐文化元素核心基因提取包含以下两个方面：一是典雅美观的审美情趣，二是亲近自然的健康长寿理念，三是精益求精的匠人精神。

大漆罐文化基因评价表

评价项目	评价因子	评价依据（特点）	是否
生命力评价	文化基因存续的时间	自出现起延续至今，未曾明显中断	√
		自出现起延续至今，但多次衰微、中断后复兴	
		曾明显衰败，改革开放后开始复兴或历史溯源关键环节缺失，难以考证	
		文化形态主体已灭失，现存部分痕迹	
	文化基因的稳定性	在发展过程中保持相当稳定的状态	√
		在发展过程中存在明显的精神内涵、表现形式剧变	
凝聚力评价	文化基因的凝聚力及社会动员效果	曾广泛凝聚起区域群体的力量，显著推动过社会经济文化的发展	√
		曾部分凝聚起区域群体力量，对社会经济文化的发展产生过影响	
		凝聚过力量，创造过实际的发展动能，但未见对社会经济文化发展产生显著改变	
		仅在历史文献或口耳相传中存在，未见实际介入社会经济发展	

续表

评价项目	评价因子	评价依据（特点）	是否
影响力评价	辐射的范围	具有全国性、世界性的影响力	
		具有长三角区域、浙江省影响力	
		具有市县、乡镇影响力	√
	提炼的高度	已经被古代文人士大夫和当代学者提炼为精神符号和理念理论	
		单纯的样式、造型、工艺技术规范	√
发展力评价	与当代精神追求和价值观念的契合	传统文化基因得到创造性转化、创新性发展；区域革命文化基因被完整继承、广泛弘扬；区域社会主义先进文化基因成为与浙江"三个地"相适应的文化高地	
		部分转化、部分弘扬、部分发展	√
		难以转化、难以弘扬、难以发展	

说明：基因特点评价是对解码出来的基因，根据本《导则》表2的要求，围绕"四个力"逐一对表打"√"，进行定性表述

（一）生命力评价

景宁大漈罐制陶始于宋代，至明代，产品发展较为成熟。大漈罐是用粘土制作的一种陶器，制作工序和制作青瓷一样，不过外型、釉面比青瓷粗糙。大漈每村都有工匠制作"大漈罐"，产品销往庆元、文成、泰顺、平阳、寿宁等地农村地区，深受消费者欢迎。过去大漈罐以实用器物为主，如今脱胎换骨的"畲祖烧"将传统的工艺和现代技术相结合，产品从原来的日常生活用品延伸转变到工艺品、茶器，并融入了文字、彩带、图腾等畲族元素，使这一传统手工艺焕发出新的生机，不管是从形制上还是工艺上，都有了质的飞跃。

（二）凝聚力评价

大漈罐具有非常明显的历史特征和民族文化特征，显示了

较强的文化凝聚力。一是历史特征，大漈自宋代以来就盛行生产陶瓷罐，发展至今已近千年，具有深厚的历史文化沉淀。二是民族文化特征，景宁是全国唯一的畲族自治县，现代大漈罐结合畲族文化，成为"畲祖烧"，蕴含着深厚的畲族文化和陶艺文化，具有较强的文化凝聚力。

（三）影响力评价

大漈罐作为传统的日常生活用品，在庆元、文成、泰顺、平阳、寿宁等闽浙地区具有较高的知名度，深受消费者欢迎。现代"畲祖烧"是景宁唯一的一家经营浙江省非物质文化遗产大漈罐的机构，是集日用陶瓷和艺术陶瓷开发、研究、设计、生产、营销为一体的综合型企业，旗下已拥有国家级美术大师、陶艺大师数人，生产的"畲祖烧"大漈罐远销全国各地。"畲祖烧"先后荣获中国轻工业联合会、中国文化部金奖银奖10余项，在首届国家旅游局举办的中国特色旅游商品大赛上荣获金奖并被授予"中国品牌旅游商品"称号。作品"涅槃"在2016中华人民共和国文化部举办的第11届中国（义乌）文化产品交易会上荣获工艺美术金奖的瞩目佳绩，通过中国外交部礼品采购司，纳入外交部"国礼"之中，备受国际友人的关注。

（四）发展力评价

大漈罐具有广阔的艺术和经济价值发展空间，为其提供了很强的文化发展和传承发展力。大漈罐属于传统陶艺产品，以前大多为使用器皿，粗糙实用，艺术价值较低。如今结合现代工艺，转型为茶具、工艺品，造型和装饰设计更加丰富多变，具有极大的艺术发展潜力。大漈陶泥蕴含丰富的微量元素，使大漈罐具有陶器中难得的健康长寿器皿的特点，极具市场潜力。

三、文化元素核心基因保存

景宁十分重视大漈罐文化元素核心基因的保存，2012年已经把大漈罐列入浙江省非物质文化遗产代表性项目名录，采取了一系列措施对大漈罐进行开发和保护。设立保护基金，对"大漈罐制作技艺"及传承人给予保护与扶持。加强"大漈罐制作技艺"宣传力度，举办"大漈罐制作技艺"培训班，招收学徒，让此项技艺传承下去。制定出台《大漈罐制作技艺抢救保护办法》，实现规范管理，积极借鉴其他非遗文化遗产保护措施。将"大漈罐制作技艺"传承人申报为省级非物质文化遗产代表性传承人。加大大漈陶艺展示中心的资金投入，扩大规模。结合旅游活动，与游客进行大漈罐制作技艺展示互动，加大宣传力度。

畲族银饰

畲乡景宁　景宁文化基因

畲族银饰

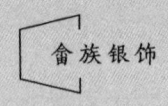

畲民使用银饰的历史源远流长，据考证传世老银饰最早源于明代。清初畲族老银饰颇有明风，中期（乾隆年间到1840年），江浙地区富庶，畲族老银饰的工艺精巧，存世量大。畲族银饰固守传统，题材既保持独有的民族文化特色，又体现与汉族融合的特征。

畲族银饰大致分为饰品和器具，其中佩戴的饰品占据着比较重要的地位，包括凤冠、发簪、耳饰、项圈、手镯、戒指等，银器包括酒杯、银筷、酒壶等。畲族银饰与畲族服饰紧密相连，在服饰上搭配是身份和地位的一种表达，不同的银饰以及大小象征不同节日或者人生的不同阶段。畲族"三月三"、祭祀盛典、婚丧嫁娶等节庆活动，都与银器密不可分。银器也是畲族展示家庭、家族世代拥有财富的象征之一。畲族银饰蕴含着吉祥平安等美好祝福。

畲族历代对传统银器制作极为重视，不断推进畲族传统银器制作的发展。畲族银饰的制作技艺，至今有六百多年的历史，经过漫长岁月发展，逐渐形成了"操、錾、起、解、披"五大工艺精髓，共有三十多道手工工序。畲族银饰是中国传统银雕工艺与畲族文化相融合的典型表达，是畲族人民群众智慧的结晶，充分反映中华文明的历史连续性，记载着畲族文化变迁，具有较高的历史、文化和科学价值。2016年被列入浙江省非物质文化遗产代表性项目名录。

近年来，畲族银饰制作工艺因市场工效低，学艺难，耗时长，学习畲族银饰手工制作技艺的年轻人越来越少，挖掘、抢救畲族银饰制作工艺，对保护传承畲族优秀文化，丰富和完善中国畲族银器制作历史，乃至中国银器制作史的丰富和完善都将起到积极的作用。

一、文化元素分解

（一）物质要素

1. 别具一格的银质器物

畲族银饰在工艺上追求纯朴、粗犷、神秘色彩，通过银料纯度和银坯厚度的控制，提升银料的延展性，从而提高银饰的表现力。在银饰表面光亮度处理和保洁方面，采用畲族独门秘方工艺，使其保持天然色泽，起到防氧化、防腐蚀的作用。畲族银饰中最有民族特色的当属凤冠，充满想象力。凤冠冠身以三边为棱柱形状的毛竹根制成，挑高的形制似昂头的凤凰，青色棉布缠裹两边，缝制银片，银片两边用红布包边。额顶插一根有镶嵌的铜针，畲语称之为"乌针"，后有一银三脚钗固定，畲语称之为"骨彩"，两侧各垂八根白色料珠穿成的珠帘。标准的凤冠成套出现，畲族人也称为"笄"，包括钳栏、头面、大奇喜、奇喜牌、奇喜载、骨挣、钳搭、方牌、耳环、头抓、古文钱、牙签、耳挖、蕃蕉叶、银簪、银链、珠子、布料和棉线等。

2. 历史感厚重的老银

畲族银饰常用老银制作。老银是前人使用过的有一定历史感的古董银器。由于畲民对银饰的热爱以及对老银的特殊感情，畲族老人们会将戴过的具有历史感的银饰代代相传，许多老银器和银饰品在畲族百姓家中被大量完整的保留。景宁畲族银饰非物质文化遗产传承人陈晓珍的银饰作品多用老银以古法制作，造型传统，广受欢迎。畲族老银给人以沧桑感和历史厚重感，具有别样的价值。

3. 精致繁多的制银工具

畲族银饰制作工具繁多，主要有喷枪、火炉、坩埚、铸瓢、熔杯、铜盆、小镯墩、铁墩、木模墩、尺、圆规、镊子、剪银刀、螺旋钻、钢丝钳、尖嘴钳、各种钢钻、铜丝刷、刻盘、刻刀、锉刀、模具、拔丝架、丝板等。錾刻是畲族银饰中常见的工艺，所用錾子大致可以分为直錾、弯錾、平錾、圆錾、卡錾、"雀眼"春、斜面錾、攒花錾、线錾等类型。錾子长度约10厘米左右，刀锋为直口，形状为上大下小，中部流线适合手的握力。直錾子主要用于走线，弯錾主要用于转弯的弧线纹路，平錾主要用于敲打需要下沉的银面，圆錾主要用于制造下陷的弧面，卡錾头上有尖角，连续有规律地敲击，可以錾刻出两排平行的细点虚线。"雀眼"的錾头一端是内陷圆洞，在银器表面敲击可形成突起的圆点。斜錾可在银器表面制造斜直面。种类繁多的制银工具小巧精致，让人爱不释手。

（二）精神要素

1. 对三公主的图腾崇拜

畲族银饰是畲族图腾崇拜的代表之一。据畲族族谱的叙述，畲族的始祖龙麒因平番有功，高辛帝把女儿三公主嫁给他。成婚时帝后给女儿戴上银凤冠，穿上镶着珠宝银饰的凤衣，祝福她象凤凰一样给生活带来祥瑞。畲家女出嫁时必戴凤冠，以示吉祥如意。凤凰是三公主的象征，也是畲族妇女的象征。在畲民的传统习俗中，畲族女性的"凤凰髻"、"凤凰装"，婚礼中的"凤凰蛋"、"凤凰到此"横批，祖居地"凤凰山"等，都是凤凰崇拜在畲族社会生活中的体现。畲族银饰中以凤凰作为银冠的形制主体，佩戴在姑娘的头上，希望姑娘像凤凰一般美丽，给家庭带来世代的繁荣昌盛。

2. 强烈的女性关怀意识

畲族特殊的历史环境决定了对畲族女性的关怀意识。畲族的迁徙生活，使得畲族女性拥有坚韧善良的品格，在畲民的生活中有着特殊的地位。自然本能和社会现状赋予畲族女性不同程度的尊重和关爱，畲族银饰表达了畲民对佩戴者的关怀意识，赞叹她们历经艰难却仍灿烂绽放，如同历经千锤百炼的银饰一样，由始至终不改本色。畲族父母对女儿的关怀意识强烈，畲族女子在出嫁之时，父母会为其准备一套包括银簪、银钗在内的银饰，表达对女儿的珍视和祝福。

（三）语言和象征符号要素
1.千姿百态的银饰纹样

畲族银饰纹样反映了畲民的宗教信仰和民间传说，再现了畲民生动的生活场景。畲族银饰纹样有龙凤纹、人物纹、动物纹、植物纹、天象纹、博古纹、吉祥文字纹等七种。畲族银饰龙凤纹在图案组合以及形象上灵活自由，在畲族文化中占了极为重要的地位，尤其体现在畲族的婚嫁饰品中。人物纹主要包括"八仙"等人物形象，源于畲民崇尚道教。动物纹依据动物外形进行艺术创作，来源于畲民狩猎圈养的鸡、鸭、狗、羊等家畜。植物纹源于久居山林的畲民从自然气候和植物上汲取的设计灵感，常见的图案有竹子、兰花、桃、杏、菊花、芙蓉、石榴等。天象纹取材于自然，古代畲民对自然有崇敬之情，提取了太阳纹、水波纹、云纹等纹样，将其雕刻在银饰上。博古纹是畲族纹样中的一个典型代表，主要有银质"挡煞"、暗八仙、十锦平安铃手镯等形式。吉祥文字纹受到了汉族文化的影响，将"福""禄""寿""喜"等吉祥文字雕刻在银饰上，表达吉祥长寿、祈求神明保佑的愿望。

2.吉祥美好的银饰寓意

畲族银饰品类繁多，各类型银饰品都有其独特的吉祥美好寓意。三层八卦牌作为畲族女子大喜之日佩戴胸前的银饰，由项圈、八卦牌、花篮牌构成，项圈代表团团圆圆，八卦牌正面是麒麟送子，反面是传统八卦图案。花篮牌下面挂小铃铛，走起路来叮当作响。三层八卦牌寄托了对家庭幸福、子孙繁衍的期盼。平安铃，铃铛上雕刻着钟、官印、佛手等各种吉祥之物，象征永保平安。双鱼手镯，镯面雕刻着两条快乐的鲤鱼与盛开的莲花组合，寓意勃勃生机，和谐昌盛之意，表示喜事绵绵不断、绰绰有余。龙凤对戒，寓意着龙凤呈祥，佳偶天成。畲族银腰带，用银箔打造，厚如薄纸，每一片都雕有梅花瓣。腰带分上下两层，用银链串联，固定于腰间。底层银链下垂着各种吉祥物。银色腰带象征着凤凰尾巴，周身叮当作响的银饰象征着凤凰的鸣叫。

（四）规范要素

1. 流程复杂的制作工艺

畲族银饰制作往往需要几十道工序，最重要的有四个环节：一是化银，原用火炉化，现改为气化；二是打坯，在银料未冷却时，用铁锤反复锻打，需要高超的锤工技术；三是錾刻，主要包括锤錾、錾刻、镌镂等工艺，是手工制作银饰中最能体现技术的关键环节，最能体现银饰的精细度。錾刻图案的深浅，线条的粗细，全凭技艺的娴熟把握和对产品图案构思领悟，栩栩如生的图案，雕刻的细致，处处尽显艺人的匠心；四是焊接，复杂的银饰在打制雕刻完各种配件之后，要将配件焊接起来，配件的厚薄度、炉火温度、加温时间的长短，都与焊接质量紧密相关，全凭银饰传承人的丰富实践经验。

2. 多位一体的社会功能

畲族银饰是社会生活的产物，带有鲜明的社会性，具备多位一体的社会功能。畲族银饰是财富的标志物，随着畲族民系不断融合发展，畲民通过银饰的数量和种类来显示贫富差距。畲族银饰具有收藏和保值作用，银作为一种贵金属货币在社会上流通，传统银饰多为纯银打造，具有一定的社会经济价值，对于一直处于迁徙融合过程的畲族人来说更符合生活的需要和保护财产的心理。畲族银饰还具有民俗功能，畲族传统银饰的纹饰题材具有浓厚的民俗气息，如象征长寿的梅花，象征多子的石榴，象征年年有余的鱼纹等，表达了畲民对辟邪、祈福和美好的祝愿，阐述着畲民祈求幸福的恒常主题。

3. 多种多样的民俗事象

畲族银饰与畲民日常的民俗事象紧密相连，许多民俗仪式依托银饰展开。畲族地区的婚嫁习俗盛行的是"薄聘厚奁"，不注重男家聘金的多少，女方要置办丰厚的嫁奁。在整个婚嫁的仪式中男子的聘礼以货币和金银组成，女子的嫁妆则丰厚很多，包括头饰、颈饰、胸饰和手饰，日常用具以及婚后子女的银饰。畲民孝亲尊老，注重老人的丧葬礼俗，仪式复杂，程序繁多，必然用到银饰。畲族儿童出生满月之后会摆满月酒,为表达祝福之情,亲戚们会送上长命锁、脚饶子、手饶子等银饰给孩童;在孩童满周岁的时候会举行抓周仪式,摆上象征不同行业的银饰让孩童抓,期待孩童可以有一个美好的未来;在老人过寿的时候,子女会送母亲银手镯或是银帽饰作为寿礼,表达对老人的孝敬。

二、文化元素核心基因提取与评价

畲族银饰元素核心基因提取包含以下几个方面：一是畲族人民对三公主的图腾崇拜，崇敬宣扬三公主，以三公主为傲；二是畲族人民强烈的女性关怀意识，生活中通过银饰处处展示对女性尊重；三是朴实而热爱生活，追求美好事物的生活态度。

畲族银饰文化基因评价表

评价项目	评价因子	评价依据（特点）	是否
生命力评价	文化基因存续的时间	自出现起延续至今，未曾明显中断	√
		自出现起延续至今，但多次衰微、中断后复兴	
		曾明显衰败，改革开放后开始复兴或历史溯源关键环节缺失，难以考证	
		文化形态主体已灭失，现存部分痕迹	
	文化基因的稳定性	在发展过程中保持相当稳定的状态	√
		在发展过程中存在明显的精神内涵、表现形式剧变	
凝聚力评价	文化基因的凝聚力及社会动员效果	曾广泛凝聚起区域群体的力量，显著推动过社会经济文化的发展	√
		曾部分凝聚起区域群体力量，对社会经济文化的发展产生过影响	
		凝聚过力量，创造过实际的发展动能，但未见对社会经济文化发展产生显著改变	√
		仅在历史文献或口耳相传中存在，未见实际介入社会经济发展	

续表

评价项目	评价因子	评价依据（特点）	是否
影响力评价	辐射的范围	具有全国性、世界性的影响力	√
		具有长三角区域、浙江省影响力	
		具有市县、乡镇影响力	
	提炼的高度	已经被古代文人士大夫和当代学者提炼为精神符号和理念理论	√
		单纯的样式、造型、工艺技术规范	
发展力评价	与当代精神追求和价值观念的契合	传统文化基因得到创造性转化、创新性发展；区域革命文化基因被完整继承、广泛弘扬；区域社会主义先进文化基因成为与浙江"三个地"相适应的文化高地	√
		部分转化、部分弘扬、部分发展	
		难以转化、难以弘扬、难以发展	

说明：基因特点评价是对解码出来的基因，根据本《导则》表2的要求，围绕"四个力"逐一对表打"√"，进行定性表述

（一）生命力评价

从存续的时间上看，畲族银饰文化基因自出现起延续至今，未曾中断。畲族民众历来崇尚银饰、银器，其生产和生活中始终有银饰的伴随。畲族民众无论是在出生、婚丧嫁娶等人生重大日子，还是在日常的生产生活，都与银饰、银器密不可分，通过银饰、银器来表达驱邪平安、吉祥如意等美好愿望。畲族姑娘出嫁时，银器更是必不可少的陪嫁品。由于银饰银器属于贵金属白银打造，既有美观装饰价值，更具有储藏价值，历经千百年来的迁徙活动和社会乱治循环，银饰品及其相关文化生命力十分强大。

（二）凝聚力评价

畲族银饰文化基因具有极强的社会凝聚力。由于畲族没有

文字，许多信息的表达和传承需要凭借各种各样的符号进行。银饰品和银器质地柔软，十分适合打造成不同的形状和雕刻不同的纹样。随着历史发展，造型和纹样中附着的文化寓意越来越丰富，逐步成为畲民视觉识别的代表性符号，也成为畲民彰显自我的标志。特别是用银打造的凤冠，承载历史、寄托精神，已经成为畲族最鲜明的代表符号，对畲族民众都具有极大的凝聚力。

（三）影响力评价

畲族银饰文化历史悠久，具有全国性乃至世界性的外在辐射能力。畲族银饰制作技艺，起源于明朝洪武年间，传承至今历经十三代，六百多年历史。2016年被列入浙江省非物质文化遗产代表性项目名录。畲族银饰以其深厚的畲族文化底蕴、精湛的工艺、独特的造型和审美情趣，在少数民族银饰中独树一帜。在畲族生活中，无论是日常妆饰，还是节庆盛装，都少不了佩戴银器饰品，特别在畲族婚嫁中，漂亮银饰是嫁妆的重彩之笔。积极利用畲族三月三、畲族民歌节、博览会等大型活动宣传畲族银饰制作技艺，受到群众喜爱。在政府相关部门的关心和支持下，畲族银饰制作技艺不仅没有失传，还得到发扬光大。

（四）发展力评价

畲族银饰具有强大的发展力。目前畲族银饰制作技艺以代表性传承人陈家郁为核心，通过师傅带徒弟，徒弟再带徒弟，以及各种高校和社会培训来保持与传承。掌握全部流程和核心技艺的人数大幅度增加，2017年各级传承人3人，2018年各级传承人5人，2019年各级传承人5人。目前畲族银饰制作产业具有一定规模，2017年至2019年，畲族银饰制作技艺项目发展活力逐渐增强。全县拥有4个畲族银饰项目保护场所，其中包括3个博物馆和1个展销中心，销售区域从浙江省扩大到了全国乃至国外，畲族银饰销售产值从2017年的350万增加到了2019年的500万。畲族银饰中体现的畲民朴实、乐观、追求美好事物的观念，与当代精神追求和价值观念十分契合，畲族银饰外形美观、纹样丰富，十分受市场欢迎，具有强大的发展力。

三、文化元素核心基因保存

就畲银文化代表作而言，目前有作品《四喜牌》《马鞍镯》《畲族彩带》《春夏秋冬》《八宝镯》《八卦长命锁》《双龙戏珠》《儿童套装》《龙凤呈祥》《畲族头饰》《家和万事兴》等。就保护展示场所而言，现有展示场所4个：景宁畲银博物馆、晓琴畲族民间陈列馆、畲乡老银匠展销中心和惠明路展示厅。在中国畲族博物馆常态开展畲族银饰制作技艺展示。畲银博物馆作为畲族文化的展示之窗，被打造成集畲族银饰研发、展示、体验于一体的文旅基地。就文创产品开发而言，2018年研发推出八宝镯，年销售额3万余元。2017年—2019年研发推出马鞍镯，年销售额7万余元。2019年研发推出复古茶叶罐，年销售额4万余元。

畲族银饰相关研究文献包括：《浅析传统银饰与现代首饰设计的融合》(工业设计，2019)，《畲族凤凰冠研究与设计应用》（浙江理工大学，2018），《畲族银花制作工艺及其文化价值》（艺术品鉴，2018），《浙西南畲族传统帽饰研究》（南京艺术学院，2011）。

马仙信俗

畲乡景宁　景宁文化基因

马仙信俗

马仙，是马仙娘娘的简称，又称马孝仙、马佛、马夫人，原名为马七娘，为我国中古时期四大女神（马仙娘娘、妈祖、陈靖姑、太姥娘娘）之首。据传，后唐长兴三年（932）壬辰岁，江南华亭县进士马二公，官晋阳令，在任三年。时值石敬瑭谋篡帝位，天年荒旱，盗寇蜂行，公乃弃官，携夫人避乱归田。夫妻二人乐善好施，救苦济贫，积德应验，感动上天。一日夜里，其夫人梦见三星入怀而有娠，分别于天福五年庚子（940）七月十五、天福七年壬寅（942）十月十五、后晋开运元年（944）正月十五生下三女，第三个女儿就是马仙姑，取名马七娘。马七娘随父母经瑞安、泰顺入青田（今景宁）大均村，后到鸬鹚村。

马七娘的父亲过世后，她一面等待从军归来的未婚夫，一面照顾生病的婆婆。马七娘每天早出晚归，风雨无阻，步行几十里地去帮人纺纱织布，以此赚钱养家糊口和给婆婆治病。她对自己婆婆以德报怨、极度孝顺，最终感动上天，得道成仙。成仙后，马仙娘娘更是圣迹屡显，恩泽四方，济危扶困，历代有浮伞仙渡、百里求羹、鱼口求咽、驱瘟解困、金蟾遣使等典故流传，备受民间乃至皇家所推崇，被唐肃宗宣封为"护国夫人"。

自唐历宋衍至明清，马仙从一个纯朴善良的孝妇，被社会不同阶层的关注、传扬及充实、改造后，不仅成为至善至美的神仙，而且也成为民众社会生产、生活中无一不显、无一不灵的神仙。马仙不仅在以景宁为代表的浙南民间依然保持旺盛的香火，而且还在八闽大地具有极高的信仰度。马仙已经超出了地方信仰中的其他神明，成为百姓心中的至神。

马七娘以孝道成仙，以精忠护国受封，以庇佑黎民赢得大众的崇拜。2017年马仙信俗被成功列入省级非遗保护名录，景宁县鸬鹚乡还被评为"浙江省民间文化艺术之乡"以及全省非遗旅游景区。

一、文化元素分解

（一）物质要素

1. 历史悠久的马仙祖殿

据统计马仙行宫共有1000多座，景宁畲族自治县县域内有鸬鹚祖殿、雁溪马仙殿、大地西坑殿、洋坑马仙宫、葛山、印章、英川等128处行宫。据清同治版《景宁县志》记载："马孝仙屋，在横山岭后，建于明万历年间。现存鸬鹚乡鸬鹚村横山西麓的鸬鹚殿，又称马孝仙殿、马夫人殿和马仙横山祖殿，是景宁境内供奉马仙的众多庙宇中最为显赫的大殿。相传宋建隆三年（962），马仙在鸬鹚村头横岭九龙山之巅蹑足升天。后人为纪念她，在横岭之巅，矗然若狮头的山顶，建起一座宏观四方的"上天殿"，也叫"云壁阁"。后又在马仙原居住的横山岭脚下，建造起一座雄伟壮观的"护国马氏天仙殿"，供人礼拜。清同治版《景宁县志》记载："马孝仙屋，在三都卢山（亦称横山）村岭后，建于明万历年间（1573—1620），原为茅屋，后建为祠。"清雍正年间（1723—1735）知县李应机在此建亭，并石刻题额："仙都故址"。清顺治五年，以葛山村刘氏和鸬鹚村吴氏为首，捐资建成"护国马氏天仙殿"。

民国六年（1912）鸬鹚"护国马氏天仙殿"部分建筑被洪水冲毁。1952年6月2日英川港山洪暴发，大殿再次被洪水湮没。

20世纪70年代后，景宁民众和信男信女，自愿出钱出力，又建起了六处零星的佛殿，原大殿遗址仍然空着。至今仍保留"岭后祖殿""观音堂""上天殿"等祠庙建筑群。本不起眼的乡宇僻殿，也因马仙的美丽传说而名声鹊扬。特别是宋太祖的敕封和达官贵人的撰字题碑以及名人墨客的著书立说，更使鸬鹚殿身价倍增，成为史学界和民间流传公认的"马仙祖殿"，历来是浙闽一带善男信女祈福求神和膜拜的胜地，香火旺盛。

2. 景致奇特的祠殿环境

由于马仙在民间得到公认，各地纷纷仿效建起马仙殿堂，如庆元县角殿马仙宫、苍南县马仙永福宫、景宁县城敬山宫马仙殿，还有葛山、印章、英川、毛垟等全县共八十多处马仙宫，鸬鹚"护国马氏天仙殿"也成了各地马氏天仙庙之依钵。鸬鹚祖殿前后三进，五直两廊，上下二层，方圆天井，琉璃瓦，白石阶，马头墙，画栋雕梁，飞檐斗拱，金碧辉煌，正门里边二层是大戏台。在二进殿两旁，排立着全套銮驾。还建起"三娘闺阁""马二公卢氏夫人庵""鱼塘显圣池"等。殿庵里的柱上楹联有："人生积德孝为本，养性修心善是宗""护国威灵光万古，积德行祠炳千秋""圣德无双，普济黎民万户；母恩第一，何愁碧波千尺"。鸬鹚祖殿整个建筑群背靠横山，面向溪流，林木茂盛，树荫蔽日，景致奇特，仙气弥漫。

3. 地道乡土的活动器具

马仙传说在浙西南及闽东闽北等地区民间流传了上千年，庙宇广布，香火久盛不衰，是地道乡土草根文化。祭祀"马仙"活动基本上在殿庙举行，主要有三种形式，一是日常祈福求神，点香、抽签、求子、求平安等。二是每年七月七按传统习俗举行庙会。三是结合旅游举办文化节。活动器具有佛轿、油纸伞、四种颜色的马仙道旗、伞状华盖、道服等，这些活动器具取材当地，制作难度不大，具有浓烈的宗教特征和乡土气息，在具有马仙信仰的地方都比较容易找到。

（二）精神要素

1. 以德报怨，孝敬长辈

马仙是鸬鹚村出了名的孝媳妇，对婆婆孝顺至极。民间传有"辟铲机杼以事姑""鱼口求咽""馈羹奉母""仙人赐丹""蹑足上天"等传说，这些传说都反映了马仙十分孝顺自己的婆婆。她面对婆婆多次的无礼谩骂，能够承受各种委屈，坚持做到以孝为大、以德为先、任劳任怨，从未和老人顶撞过。马仙对婆婆百依百顺，以孝感人，以孝动天，以孝成仙。马仙信俗的以德报怨、孝敬长辈精神，契合了社会主义核心价值体系的和谐家庭观，具有很强的现实价值。

2. 慈悲为怀，乐于助人

马仙心怀慈悲，多次对百姓施以援手，帮助百姓解决困难，是百姓信赖之神。民间流传多则马仙扶危济困、为民解忧的传说。如"浮伞渡河"，相传，马仙家距鹤溪百余里，晨往夕返，至食以羹，如出釜甑。一日，七娘外出经过大均渡口，时逢洪水泛滥，因河水上涨，无船渡河。七娘就倒持其伞，以伞浮渡。这时有一位挑着货担的叶大郎，因家中小儿病重，急着送药回去，于是上前恳求七娘给他搭渡。七娘叫他卸下货担踏伞渡过。后人在渡口岩壁上刻"浮伞仙迹"四个大字，并在渡口边建有"浮伞祠"。还有"死而还生""求子塘"等关于马仙助人为乐的民间传说。马仙信俗的慈悲为怀、乐于助人精神，契合了社会主义核心价值体系中的友善观，具有很强的现实价值。

3. 心系黎民，精忠护国

马七娘得道成仙后，关心百姓安危，多次护国驱寇。公元960年，马仙为宋太祖赵匡胤平定叛乱，以九阴神功治好众多伤员，以列兵布阵巧胜来犯之敌，促使中原统一，战乱早平，让民众安居乐业。因有功被敕封为四大女神（马仙、太姥娘娘、妈祖和临水夫人）之首。宋天禧二年（1018）闽寇骚扰百姓，马仙以神兵驱之，被加封为"懿正广惠马氏真人"。乡人戍边多得其佑而立功生还，闻于朝廷，被封为"护国夫人"。马仙信俗的心系黎民、精忠护国精神，契合了社会主义核心价值体系中的爱国观，具有很强的现实价值。

（三）语言和象征符号要素

1. 寓意丰富的神格尊号

在民间，每一种信仰的流传，都不是一成不变的，随着信仰主体的变动，不同时期不同的愿望和需求会不断加入到信仰传说中去，并不断赋予信仰神许多新的社会功能，马仙信仰的流传与发展也是如此。马仙孝养其姑的事迹，通过唐代名儒的举荐，得到更广泛的传播。在明代形成并不断充实的《新刻出像增补搜神记大全》中，对马仙的传说增加了抗御水旱疾疫的内容，赋予了马仙"祈雨救旱"的功能。后来又加入马仙"阴府助国"的神迹。由立边功的戍卒告之上司，而被请于朝，从而被赐命"护国夫人"称号。这一封号成为马仙信仰内容变化最重要的标志。随着信仰人物的社会知名度的提高、人们对信仰神的期盼值的攀升，便赋于信仰神更多的社会功能。如在浙南，马仙也被奉为妇幼保育神，据清同治《丽水县志》所载："妇女敬事夫人，即所称顺懿夫人、护国马夫人也。"浙南的马仙信仰从明代开始，已产生与福建女神陈靖姑信仰相融合并从祈雨禳灾的农业神，逐步发展为具有妇幼保护功能的母亲神，使其神格更具社会化。因此，在浙南莲都、庆元、景宁等地，常有将马仙与闾山教女神陈林李三夫人于一个宫庙中同祀现象。

2.忠孝标识的鸬鹚文化

鸬鹚是马仙文化的发源地，"马仙故里"也因此得名。鸬鹚人的精神之根在于忠孝，忠孝精神最集中体现在鸬鹚人的祖先马仙身上。鸬鹚建有"马仙祖殿"供奉马仙，马仙孝敬长辈、乐于助人、精忠护国的美德传说在浙、闽两省流传广泛，马仙信仰传统深深地根植于民间，马仙的"事迹"成为许多老百姓孝德教育的教材，马仙也成为女性行孝的"楷模"。无论历史的大潮怎样冲刷，这种遗存的文化，依然在民间发挥重要的作用。

（四）规范要素

1.约定俗成的祭神大典

鸬鹚当地有迎神祭祀民俗，每年正月十五马仙诞辰日和农历七月初七马仙上天日，村民会齐聚在马仙祖殿举行迎神庙会等节庆活动。庙会分为大迎年和小迎年，祭品丰盛。迎神仪仗为旗牌前导，木结构宫顶阁佛轿居中，轿后为伞状华盖，吹鼓随之，后为众人等，沿途受纳百姓香火和膜拜。来自庆元、龙泉、云和、青田、丽水、文成等县市和闽东、闽北等地的民众成群结队，跋山涉水，不远千里，前来膜拜，祈求恩泽，烧香许愿，每年香客可达10多万人次，热闹非凡。

2.内容各异的祭祀仪式

其一为祈雨仪式，马仙信仰的社

会功能多为祈雨,此为农耕社会的产物,随着社会生产力的发展、农业生产模式的变化和人们观念的更新,祈雨仪式早已退出。其二妇幼保育仪式,凡求子者必赴顺懿庙虔祷。儿生自洗儿及弥月、周岁,必设位于家供香火,招瞽者唱夫人遗事,曰"唱夫人"。

每岁上元前二日,司事择福寿者数人,为夫人沐浴更新衣。次日平明升座,各官行礼,士女焚香膜拜,络绎不绝。至夜舁夫人像巡行街市,张灯结彩,鼓吹喧阗。小儿数百人,皆执花灯跨马列前队,观者塞路。至元夕,南国管痘夫人出,亦如之。

二、文化元素核心基因提取与评价

马仙信俗文化元素核心基因提取包含以下几个方面：一是以德报怨，孝敬长辈的家庭美德；二是慈悲为怀，乐于助人的社会风尚；三是心系黎民，精忠护国的爱国精神。

马仙信俗文化基因评价表

评价项目	评价因子	评价依据（特点）	是否
生命力评价	文化基因存续的时间	自出现起延续至今，未曾明显中断	√
		自出现起延续至今，但多次衰微、中断后复兴	
		曾明显衰败，改革开放后开始复兴或历史溯源关键环节缺失，难以考证	
		文化形态主体已灭失，现存部分痕迹	
	文化基因的稳定性	在发展过程中保持相当稳定的状态	√
		在发展过程中存在明显的精神内涵、表现形式剧变	
凝聚力评价	文化基因的凝聚力及社会动员效果	曾广泛凝聚起区域群体的力量，显著推动过社会经济文化的发展	
		曾部分凝聚起区域群体力量，对社会经济文化的发展产生过影响	√
		凝聚过力量，创造过实际的发展动能，但未见对社会经济文化发展产生显著改变	
		仅在历史文献或口耳相传中存在，未见实际介入社会经济发展	

续表

评价项目	评价因子	评价依据（特点）	是否
影响力评价	辐射的范围	具有全国性、世界性的影响力	
		具有长三角区域、浙江省影响力	√
		具有市县、乡镇影响力	
	提炼的高度	已经被古代文人士大夫和当代学者提炼为精神符号和理念理论	√
		单纯的样式、造型、工艺技术规范	
发展力评价	与当代精神追求和价值观念的契合	传统文化基因得到创造性转化、创新性发展；区域革命文化基因被完整继承、广泛弘扬；区域社会主义先进文化基因成为与浙江"三个地"相适应的文化高地	√
		部分转化、部分弘扬、部分发展	
		难以转化、难以弘扬、难以发展	

说明：基因特点评价是对解码出来的基因，根据本《导则》表2的要求，围绕"四个力"逐一对表打"√"，进行定性表述

（一）生命力评价

马仙信仰的源头在浙南的景宁鸬鹚，景宁充分挖掘马仙文化底蕴，坚持"保护为主，传承为重"，弘扬马仙忠孝文化，激发"马仙故里"无限活力，不断提升"忠孝文化传承基地"的丰富内涵。由于闽越地理相接、人文相近以及交流频繁等原因，马仙信仰不仅广泛盛行于浙南及八闽广大地区，还衍生出了许多闽版的马仙传说，一些地方还将马仙信仰融入于当地道教文化与社区（境）文化中，成为绚彩多姿的民间文化。马仙信仰延续至今，仍然展现强大的生命活力。

（二）凝聚力评价

景宁鸬鹚乡依托地域文化优势，不断创新活动载体，以打

造"马仙故里·宜居鸬鹚"为发展战略，推进全域旅游。景宁通过举办马仙文化旅游节的形式，传承弘扬传统文化，促乡村振兴，进一步打造鸬鹚民俗文化旅游新的经济增长点，有效地促进了经济社会的快速发展。景宁于2013年8月12日（农历七月初六）举行的首届鸬鹚马仙民俗文化旅游节和主题活动，活动期间来自福建、丽水等各地的信徒、游客2000多人，忠孝宴桌数达140多桌，其后连年举办，至2020年，鸬鹚乡连续举办了8届马仙文化旅游节，以节促旅，推动乡域旅游发展。

（三）影响力评价

马仙是盛行于闽浙两省民间的信仰人物，与妈祖、陈靖姑并称为当地的三大女神，每年吸引大量信众朝拜、纪念。马仙孝养其姑的事迹，感动整个民间社会，引起士族关注，百姓争相传颂。除此之外，民间也对马仙急民所难、精忠爱国等高尚情操进行颂扬。从历史上看，马仙曾得到赵匡胤、赵恒（宋真宗）等封建帝王的彰扬，吸引明代开国丞相刘伯温等文人名士为其写传，赢得浙闽地区百姓的充分信赖与虔诚供奉。近年来，景宁通过举办文化节、研究论坛等形式弘扬马仙信俗文化基因中的孝顺文化、助人文化、爱国文化等吸引了成千上万来自福建、丽水等地的信徒、游客，多的年间人数达到10万多人。鸬鹚祖殿更是全国马仙信俗民众心中的朝拜圣地，每天都有香客前来祈福，最具有民俗文化影响力的节日是七月七，"迎神祈福大典"期间的香客则多达2万余人次。

（四）发展力评价

马仙信俗文化具有较高的转化能力。从文化精神层面看，马仙传说内蕴的忠孝文化、助人文化、爱国主义文化与社会主义核心价值体系的和谐家庭观、友善观和爱国观等有着诸多契合点。根据时代特征，对其进行创造性改造，使它成为服务于社会主义文化建设的资源。从市场层面看，景宁鸬鹚作为马仙文化的发源地，本身具有丰富的旅游资源，利用马仙传说与信仰的影响力，吸引省内外信众和游客到来，实现文化资源与旅游资源的结合，具有较大的发展潜力。

三、文化元素核心基因保存

马仙信俗文化元素核心基因保存于民间口头流传和文人著述、景宁县志等记载之中。文字记载包括明以前的《仙媛纪事》等小说笔记及道教类书，如《新镌仙媛纪事》九卷本，据专家考证，该书前七卷为明以前之作，八、九卷为明以后作，其中的"马大仙"即在前七卷中。明代诚意伯刘基《重修马大仙庙记》；明代王世贞辑次、汪云鹏校梓的《有象列仙全传》卷七中，也有"马大仙"条目。清代康熙朝陈梦雷所编的《古今图书集成》之《神异典·神仙部》所引的"马大仙"条文。清代国朝邑人潘可藻《马孝仙传》；清雍正九年（1730）景宁县令李应机《马孝仙故居记》；清道光二十三年（1843）学谕朱葵之《孝仙颂并序》；福建省艺术研究院叶明生《闽浙马仙信仰与地方仪俗之探讨》；景宁许元昌所著《马天仙与马仙殿传说》；叶铭《马天仙的传说》；张立法《马氏天仙的传说》；原景宁县旅游局《鸬鹚殿记》等。

近年来，马仙引起了学术界的广泛兴趣，研究成果丰硕，代表性研究成果有：《闽越地域马仙神话的多元嬗变》（中国宗教，2020），《福建马仙信仰与道教养生文化》（宗教学研究，2019），《畲族女神信仰初探——以闽浙地区为考察中心》（丽水学院学报，2012），《传统村庙的当代变迁及实践逻辑——浙南Z村马氏天仙殿重建考察》（浙江社会科学，2012）。

畲族体育

畲乡景宁　景宁·文化基因

畲族体育

在漫长的社会发展过程中，畲族人民在生产、生活、自卫、娱乐、宗教等社会活动中形成了丰富多彩的运动健身娱乐方式。历经时代演变，这些运动娱乐方式演变成为问凳、操石磉等畲族传统体育运动项目，构成了独特的畲族传统体育文化。

据统计，全国范围内现已挖掘整理出来的畲族传统体育项

问凳 　　　　　　　　　　　操石磉

摇锅 　　　　　　　　　　　操杠

目共有几十项之多。按体育项群分类，大体可分为七大类型：游戏类——问凳、弹弓、虎抓羊、摔油茶球等；角力类——操石碌、踩石球、举八吨、抄杆、斗牛等；跑跳投类——狩猎、擦红脸、连环拳、猴子占柱、击草等；竞技类——打枪担、打尺寸、骑海马等；舞蹈类——敬茶舞、踏步舞、狮子舞、舞铃刀等；攀爬类——登山、猴抢蛋、爬竹、猴抢果等；武艺类——法山拳、考龟、畲家拳、蓝技拳等。

随着畲族生存发展社会条件和社会需求的变化，畲族传统体育中诸如免受外部侵袭、维系民族生存以及宗教信仰等功能逐步淡化，满足人民生活需求，提高生活质量，增强人民体质，培育民族精神，维护社会稳定，促进社会主义精神文明建设，推动经济发展的价值日渐突显。近年来，景宁畲族传统体育活动有了较快的发展，"问凳"、"操杠"、"腹顶棍"等项目多次参加了全国各届少数民族运动会的表演，得到了全社会的认同并获得金奖。畲族传统体育正朝着现代体育所具有政治、经济、健身、娱乐、文化教育等多元功能和价值的方向发展。

一、文化元素分解

(一) 物质要素

1. 充满乡土气息的体育运动器材

畲族体育项目种类繁多,使用的运动器材也多种多样。但大多的运动器材来源于乡土生产和生活,只是对生产生活用具进行简单改造,或者直接引用,充满了生活气息。问凳项目源于畲族早期的宗教祭祀活动,所用器材原本为农家普通长板凳;操石磉项目中所用的石磉最早即为大小不一的石块。摇锅项目所用之锅原为大小不等的铁皮锅或破旧锅,操杠项目所用的杠可以是一般木棍、拄棒、扁担或锄头。上世纪80年代,有关部门开始对各项畲族体育活动进行挖掘整理和改进,各项体育活动所用器材逐步规范。

2. 因地制宜的体育运动场地

由于畲族居住地区通常峰峦耸立,溪流纵横,地形复杂,加之受畲族传统的经济社会条件影响,畲族体育项目通常是利用山间坪地、田间地头、村庄道路、乡村小广场等地进行,所用场地空间不大且相对封闭,带有典型的因地制宜特性。问凳项目主要利用村落内空地举行,无须专门的运动场地,条件限制少,推广容易。操石磉项目主要利用村庄道路举行,目前各项畲族传统体育活动虽然形式不断改进,但都保留了对场地要求不高的特点。

3. 具有浓郁民族气息的运动着装

服饰作为文化的一种表现形式，从某种程度上反映着一个民族的文化风貌。畲族崇尚黑色、蓝色与红色，在服饰上以黑、蓝、红为主调，显得凝重深沉、朴实无华，有五谷丰登之意，颇具民族特色。在问凳、操石磉等畲族传统体育项目中运动员一般都身着华丽的节庆服饰，服装上也配有颜色鲜艳的刺绣工艺品，这种浓郁的民族气息，给欣赏者带来强烈的视觉冲击。

（二）精神要素

1. 质朴实用的价值观

畲族传统体育来源于生产和生活，从生产实践中不断提炼、逐渐剥离而派生出的具有独立、完整的体育文化。畲族人民喜爱和传承传统体育活动主要基于生产、健身等现实需要，体现了畲民质朴、注重实用的价值观念。摇锅项目主要源于畲民需要搬动装粽子的大铁锅，操杠、射猎等项目主要是因为畲民居住在山区，进行"开荒辟地，刀耕火种"并需要经常从事狩猎生产。畲民生活和生产活动基本属于力量加技巧型活动，需要保持健康的体魄与力量，传统体育是进行力量和技巧训练的极好形式。

2. 独立自强的发展观

畲族自古是一个极具民族自尊心和独立自强的民族，虽然自古生存的自然和社会条件都极为艰苦，但他们吃苦耐劳、自强不息，不断征服和改造自然。为了适应艰苦的生存环境，畲民必须有强健的体魄和过硬的防卫制敌功夫，具有民族特色的武术也应运而生。畲族武术中畲拳最为著名，乃畲族独创，已有300多年的历史，流派和套路有数十种之多，练功方法十分特别。打尺寸项目，据传源于唐代畲民起义中赤手拨箭的英雄事迹。畲族体育活动的传承源于独立自强的生活观，也反向强化独立自强的发展观念。

3. 苦中作乐的生活观

畲民自称"山哈"，意为山客，居住于人烟稀少、生活条件较为恶劣的山区，各种生产、生活物资短缺，娱乐活动较少。在农闲和收获季节以及传统节日期间，畲民自创出了诸多娱乐和游戏活动，其中之一便是传统民族体育。操石磉起源于一群青年人在村街上操滚卵石的玩耍游戏，之后每逢夏收喜庆之日，畲民们便集结街头，开展精彩的操石磙表演或比赛。操杠是畲族经常用来锻炼和比试力量的活动,村寨之间相互比赛,以武会友。

（三）语言和象征符号要素
1.传统原始的器材造型
畲族传统体育的运动器材与现代大众体育不同，其器具大多脱胎于原始的生产生活用具，具有传统原始的特点，特别容易识别。操石磙又称滚石块，是一种在石铺道路上进行的推石头比赛，"石磙"是一块底面光滑，能够在街道上滑行的石块，一般重几十斤，有些重达百多斤。问凳项目的器具为木制的三脚架和日常生活中的长板凳。摇锅项目的器具十分简单，仅需自制直径0.5—1.5米大小不等的铁皮锅或破旧锅，小的适合小孩，大的适合大人。畲族操杠的器具同样十分简单，仅需一根1—2米长光滑的木棒，一条长5—8米的矮凳子。

2.别具一格的形体动作
畲族体育如问凳项目从动作外观来看，显现出健劲、雄浑等神态，它们突破平衡对称、比例均衡等形式美的规律，表现出刚健美、力度美。畲族体育中的操石磙项目是一种柔性、欢畅的美，以和谐、协调、均衡和统一为其特点。由于畲族聚居区域地理环境较为封闭，地形狭隘，使得畲族传统体育形成了小巧、灵活、机智的活动特点。受历史文化的影响，畲族传统体育具有明显的重表演轻竞技特征，很多项目都是充满趣味性和娱乐性的体育活动，如操石磙、舞龙、猴护蛋、虎抓羊等体育项目，具有极高的观赏价值。

（四）规范要素
1.简单明了的比赛规则
畲族传统体育项目的比赛规则具有简单明了的特点。问凳项目的形式主要是由二至四人在转翘的器械上作各种身体练习、竞赛或表演，主要动作包括：抓、摆、蹬、摇、翻、挺、屈、仰、投、抛等基本技术。竞赛或表演的形式为"稳凳"套圈。方法是参与者分别站在凳的一端，手持凳板扶手，上凳后，在快速转翘板凳的过程中，将地上的若干小圈逐个捡起，并套进离凳3.5米远处的标志杆中，最后以套中多者为胜。操石磙项目比赛中的三人操办法，即一人为"健杆"，另外二人手抬杠子平胯，让"健杆"仰面斜挺，双脚踩石，伸腿挺腰，把稳方向，将石磙飞快地向前推进，"健杆"运动员要始终有一只脚在石磙上，在不违犯规则的情况下，以在同等的距离内所用的时间多少决定名次。比赛距离30米，分男子组、女子组和男女混合组（规定"健杆"选手为女性，抬杠选手为男性）进行互动。

2. 多种多样的传承制度

新中国成立之前，大多数畲族体育运动是只能男性参加，家传拳法等都只能传授给男性后代，一些家庭甚至不惜宁愿家传武术失传，也不愿意传授给后代女性。新中国成立后，畲民抛弃以往的一些封建传统观念，畲族体育运动有了女性的参与，以往的祭祀、祭祖等大型活动也转变为更加日常、方便开展的民间体育活动。在畲族传统体育项目中，武艺类的传统体育项目的传承方式大都以家庭传承为主，其他传承方式还包括民间社团传承、祭祀仪式传承、节庆活动传承等。

3. 注重传统的举办时间

为了增强民族意识和民族识别性，兼顾农业生产周期，畲族传统体育活动十分注重在传统的节日里举办。为了强化传统记忆，往往以故事传说形成集体意识。如操石磙运动项目一般正月初二开始到正月十五举行，流传着雷巨佑与雷公争姓氏比声响的传说。在畲族最重要的节日"三月三"，会同时举行登山、摇锅、操杠等多种畲族传统体育活动。农历"二月二"、四月的分龙节、"七月七"、"九月九"、农闲时节和丰收时节也会举办传统体育活动，以增强节日气氛。

二、文化元素核心基因提取与评价

畲族体育元素核心基因提取包含以下几个方面：一是畲族人民以贴近生活，改造生活，纯洁质朴，以实用为导向的价值观；二是畲族人民热爱生活，独立自强，勇于与各种压迫力量斗争的发展观；三是畲族人民吃苦耐劳，苦中作乐，乐观向上的生活观。

畲族体育文化基因评价表

评价项目	评价因子	评价依据（特点）	是否
生命力评价	文化基因存续的时间	自出现起延续至今，未曾明显中断	√
		自出现起延续至今，但多次衰微、中断后复兴	
		曾明显衰败，改革开放后开始复兴或历史溯源关键环节缺失，难以考证	
		文化形态主体已灭失，现存部分痕迹	
	文化基因的稳定性	在发展过程中保持相当稳定的状态	√
		在发展过程中存在明显的精神内涵、表现形式剧变	
凝聚力评价	文化基因的凝聚力及社会动员效果	曾广泛凝聚起区域群体的力量，显著推动过社会经济文化的发展	√
		曾部分凝聚起区域群体力量，对社会经济文化的发展产生过影响	
		凝聚过力量，创造过实际的发展动能，但未见对社会经济文化发展产生显著改变	
		仅在历史文献或口耳相传中存在，未见实际介入社会经济发展	

续表

评价项目	评价因子	评价依据（特点）	是否
影响力评价	辐射的范围	具有全国性、世界性的影响力	√
		具有长三角区域、浙江省影响力	
		具有市县、乡镇影响力	
	提炼的高度	已经被古代文人士大夫和当代学者提炼为精神符号和理念理论	
		单纯的样式、造型、工艺技术规范	√
发展力评价	与当代精神追求和价值观念的契合	传统文化基因得到创造性转化、创新性发展；区域革命文化基因被完整继承、广泛弘扬；区域社会主义先进文化基因成为与浙江"三个地"相适应的文化高地	√
		部分转化、部分弘扬、部分发展	
		难以转化、难以弘扬、难以发展	

说明：基因特点评价是对解码出来的基因，根据本《导则》表2的要求，围绕"四个力"逐一对表打"√"，进行定性表述

（一）生命力评价

畲族体育文化基因从存续的时间上看，自出现起延续至今，未曾中断。畲族体育脱胎于畲族人民的生产和生活，也随着畲族人们的生产、生活条件状态的改善而生生不息，不断演化，一直以来都是活着的文化基因。至今，畲族人民依然热衷于在传统的"三月三"、闲暇和丰收时节举行畲族体育活动。畲族体育文化基因从稳定性上看，在发展过程中保持较为稳定的状态，其质朴实用、独立自强、苦中作乐的精神内涵始终未变，只是在形式依据改进了的经济社会条件有所创新。

（二）凝聚力评价

畲族体育文化基因具有极强的社会凝聚力及社会动员效

果。从其产生来看，畲族体育是畲族人民战天斗地，与艰苦的自然条件和社会压迫力量斗争的产物，千百年来已经融入畲族人们的血液，成为畲民精神世界中不可或缺的一块基石。从其外在物质构件和制度形式上看，畲族体育器材为畲族所独有，具有强烈的民族气息，其体育运动形式和规则与众不同，独具特色。这些外在的表现形式是已经在畲民中形成共识，畲民将其作为自我认同的一部份，也是外在文化识别畲民的一种标识，能够广泛凝聚起畲民群体的力量。

（三）影响力评价

畲族体育文化由于其精神内核的坚固性，在畲族群体内部具有强大的凝聚力，从外向性看，具有全国性乃至世界性的外在辐射能力。主要是因为畲族体育的运动健身内涵为现代社会所广泛接受，拼搏不服输的精神为主体社会所倡导。畲族体育天然具有娱乐属性和表演属性，广泛吸引了其他不同文化群体的大众。畲族武术动作兼具刚健力度的粗犷之美和协调均衡的柔性之美。畲族舞蹈类体育活动观赏性强，常常被搬上表演舞台。畲族操石磉、问凳、操杠、腹顶棍动作简单，对场地器材要求低，娱乐性强，广受欢迎。从畲族体育文化提炼的高度上看，由于畲族人们只有语言，没有文字，各种体育器材和体育动作形态较少被提炼为精神符号和理念理论，更多的是单纯的样式、造型、工艺技术规范。

（四）发展力评价

畲族是一个不断迁徙，不断适应环境、改善环境，不断突破自我、与时俱进的民族。畲族传统体育在经济社会不断发展的浪潮中，在保存其精神内核的前提下，不断地在内涵外延上与当代精神追求和价值观念相契合，在表现形式上不断突破、创新。在党和国家的重视和引导下，在专家学者的共同努力下，在乡村旅游持续发展，各种市场主体的不断创新下，畲族体育文化正不断创造性转化、创新性发展。在精神上，畲族体育积极发扬自强拼搏精神、诚信敬业精神、和谐友善精神。在形式上，问凳、操石磉、摇锅等运动器材和比赛规则也在不断改进，具有强大的自我更新，不断发展的能力。

三、文化元素核心基因保存

就保护政策而言,《浙江省景宁畲族自治县自治条例》《景宁畲族自治县民族民间文化保护条例》《浙江省景宁畲族自治县保护、传承畲族民族体育实施方案》均提出了保护畲族传统体育的政策法规和具体实施方案。就保护制度而言,景宁将"畲族操杠"、"畲族摇锅"等项目的保护工作列入当地文化体育管理机构日常工作内容;对民间现有的传承人进行保护,并发放特殊津贴,采取奖励方式鼓励拜师带徒。就传承传播而言,景宁借助民族中学和丽水学院的师生力量,传授和弘扬畲族体育,2005年将景宁民族中学列入景宁畲族自治县首批民间艺术传承学校,2006年将景宁民族中学列入景宁畲族自治县首批非物质文化遗产传承基地。在丽水学院设立摇锅研究培训基地,组织编写了《民族传统体育教程》,举办一年一届的畲族体育擂台赛。

畲族体育学术研究成果丰富,代表性学术论文有《创新人才培养模式 宏扬民族体育文化——少数民族传统体育项目人才培养模式的创新与实践》(中国大学教学,2010),《畲族传统体育旅游资源分析》(北京体育大学学报,2006),《浙江省民族传统体育项目"高脚马"的现状与发展对策》(武汉体育学院学报,2005),《畲族传统体育活动及其文化特征》(体育学刊,2003)等。

畲族医药

畲乡景宁　景宁文化基因

畲族医药

畲族医药有着悠久的历史。景宁地处浙江西南部，是畲族主要聚居地之一，境内山峦起伏，气候温和，适宜植物生长，中草药满山遍野，资源丰富，采集方便，用之有效，故当地畲民多有用草药治病的习惯。畲民们就地采集，就地医病，几百年来积累了宝贵经验，久而久之，畲医自成一体，畲药以其独特的的疗效在当地颇具口碑。早年间畲医文化水平低，很少有文字记载，传授医药知识主要是口传身授，代代传承，这些怀有一技之长的畲医一般不以医药为主业，仍从事农耕，或半农半医。

由于畲民长期居住在偏远闭塞、村落分散的山区，交通不便，经济落后，在特定的历史条件和地理环境中，畲民为求生存与繁衍，学会了防治疾病的技艺，积累了丰富的医学经验。它自成一体，具有独特的疾病观、疾病分类法和特殊疗法，体现了畲医药的文化特色，对某些疾病的疗效更有独到之处，形成了鲜明畲族特色的医药观。畲族医药的"六神"学说运用阴阳平衡辩证施治、理法方药的阴阳之说以及用看、闻、问、摸来诊治疾病的"畲药四诊"。

畲医分科按各自擅长，近似中医，也有按病种分科，如瘰疬、闻疮、鼻渊等科。畲医已形成系统的辩证施治、理法方药。瘰疬按程度和形状分成痰核、火核、铁钉、葡萄等八种类型综合治疗，即在内服中药的基础上配合灸法，或膏药或丹药外用，内服药视病情加减，把疬核拔除而疤痕较小，堪称一绝。外伤接骨、毒蛇咬伤、风痛、蛀骨鳝（骨髓炎）、月里风（产后感染）、小儿惊风等都是畲医传统科目。

畲药是我国民族医药的组成部分，在总结本民族医药经验的同时，吸收了中医药学等医药学理论，逐步形成具有民族医药的特点。临床用草药多为原生药，畲药有300多种，其中20余种已载入《中国民族药志》。

畲医作为中国传统医学的重要组成部分，历尽百余年的发展，在临床实践中积累了丰富的宝贵经验。畲医诊病以问为主，配合察颜观色，偶有切脉，只讲阴阳，不讲五行。后来逐渐吸收了中医诊断方法，也重视切脉，运用四诊八纲。

一、文化元素分解

（一）物质要素

1. 得天独厚的畲族医药自然环境

景宁地属中亚热带季风气候，温暖湿润，雨量充沛，四季分明，冬夏长，春秋短，热量资源丰富。景宁动物地理区属东洋界华中区东部丘陵平原亚区，接近东洋界北缘，在区系成份上，既有大量东洋界动物群种，也有古北界种群，动物纲目科种总数约占省内的三分之二。景宁植物地理分区处于泛北极植物区中国——日本森林植物亚区华东地区南缘，与华南地区接近；植被属中亚热带常绿叶林北部亚地区，浙闽山丘甜槠木荷林区。植物以苔藓、蕨类、种子类为主体，木本占主导地位，种类丰富，起源悠久，有复杂多样的地域特点。

2. 漫山遍野的天然草药库

畲民多数群居于景宁山区之中，山中盛行亚热带湿润季风气候。适宜的气候条件非常有利于药用植物生长、发育与繁殖。由于山区土壤条件多样，药用植物种类繁多，资源丰富，漫山

遍野都是草药，可谓是一座天然的草药库，坊间流传着"只要是脚踩到的都是药"，"百草治百病，百病行百草"等说法。常用的308种青草药中，就有9类118科，其中毛道土、铁拳头、苦丁、仲子树、惠明茶等是畲药中具有代表性的青草药。

3. 朴实耐用的畲族医药器械

畲族传统医药工具，多为就地取材制作而成，一般取材竹子、木头、石头、金属等，制作工艺比较简单，结实耐用。如畲家土名医药箱，取材木料，内有多个小格，可分别储存不同器械和药品；药碾，取材石头，由石槽与石轮两个部件构成，用于碾磨草药；火罐，取材竹子，用于医疗拔罐；小药臼，取材木头，用于捣碎药材；石杵石缸，取材石头，用于大批量捣药等。

（二）精神要素

1. 救死扶伤的医者仁心

畲族大多住在深山岭岙之中，交通闭塞，生活贫困，严重缺医少药。为本民族之繁衍，畲医逐渐利用草药资源，就地采集，就地医病，几百年来积累了宝贵经验，形成了扶危济困、救死扶伤的精神。如清末民国年初，景宁雷仁祥，学武医伤，传武授医，现传至第五代雷建光，雷家擅长骨折、跌打损伤及外伤治疗，不计利益、救人为先，每年为百姓治疗千余人次，附近地区均有病人慕名上门求医。

2. 接续传承中不断创新

畲医药以骨伤、蛇伤、风湿和妇儿科等最为著称，畲医的正骨治伤医术，流传至今久负盛名。广大畲医从业者，为了更好地继承和发展了祖辈的畲医畲药事业，在保持传统特色疗法的基础上，不断创新，中西医结合，提高医技水平。如今，为了保护抢救畲医畲药，广大畲医通过登门拜访等多种途径，广泛收集畲族民间单方、验方、秘方和医史、医理等资料，总结出多套别具一格的畲医畲药医术，颇受广大患者青睐。在他们的努力下，畲医药影响力不断扩大，越来越被广大百姓接受。

3. 灵活变通的医药理念

畲族医药讲究内外兼治、擅长外疗、以食为补、依法而行。畲族重视食物的补益作用，强调以脏补脏，注重食物凉热属性，提倡"以防为主"，强调未病先防，练功健身，以达扶助正气而邪气自退、不药而愈的目的。用药应因人、因地、因时而灵活变通，"依法而动"，不能机械，才能攻补恰当，药到病除。畲医治病常与时辰联系诊断，按照十二时辰与二十四节气的变化，周而复始。畲医治病需根据不同时辰，不同部位，不同症状，及时采用青草药治疗、辨证施治方为有效。

（三）语言和象征符号要素

1. 六神学说

"六神"学说是指导畲医临床防病治病的主要理论之一，具有鲜明的民族特色。畲医"六神"是指六脏神，即肺神、心神、肝神、胆神、肾神、脾神。存六神者，则七窍开通，故没有疾病。人身脏腑、四肢的功能活动，靠这些"神"的主宰，才能维持正常。存在这些身神，使神气内守，便可以消除疾病，得以益寿延年。畲医认为人体生命活动的基本物质由气、血、精组成，归六神主宰。气由清气、津气与谷气组成。血是由水精与谷精在脾神和肝神的作用下化生的一种红色精微物质，具有营养机体的重要作用。精是由水精、谷精和种子精组成。

2. 阴、阳、和

畲医善于运用阴阳学说来辨证论治，特别是判断药性，配剂方药都十分讲究，并在漫长的发展过程中，逐渐形成具有畲族特色的医药观，总结出畲族医药阴阳之说，治病用药讲究阴阳平衡。畲药分阴阳和三种，阳性药能温热，阴药性能寒凉，和药性能不寒、不热。阳药治理气血，凝寒衰降湿困之症，一般长在朝阳之地。阴药治理亢盛、热炎症，一般长在阴山沟壑。和药则具有平衡和滋补功能，使气血维持在正常的健康水准，一般生长在低谷。畲药有其品种特点，以鲜采即用为主，并有其炮制技艺，注重药引和辅料等用药习惯。

（四）规范要素

1. 直观朴素的"畲医四诊"

畲医用看、闻、问、摸四诊来诊治疾病，俗称"畲医四诊"。四诊具有直观性和朴素性的特点，在感官所及的范围内，直接地获取信息，医生即刻进行分析综合，及时作出判断。四诊的基本原理是建立在整体观念和恒动观念的基础上的，是阴阳五行、藏象经络、病因病机等基础理论的具体运用。看诊，通过看病人的脸色、眼白、肤色、手指、舌苔、呕吐物、二便等来确定病人患病的性质是属寒、属热、还是属火、属毒等；闻诊，闻病人的气味。如久病老人卧床不起，注意其语声、咳声、痰声、喘声，如有病情变化，声音与往日不同，传声不远，则即将去世；问诊，主要是问患者的鼻涕、咳痰、汗液及大小便。这些方面的不同表象，会反映出不同的病症；摸诊，主要是摸脉，摸脉用左右手的食指、中指、无名指，摸在病人的手腕部外侧。

2. 医理独到的畲医药疗法

畲医医术很注重调整人体的阴阳平衡来补偏救弊，达到疾病消除、维护人体正常的健康状态。畲医施药很简便：热病服凉药，寒病湿病服热温药物。热来寒降，寒病热调，阴阳交错地进行降温、升温，维护人体的气、血、津液的润和，维护肌体五脏的阴阳平衡。

畲医至今保持着传统治疗某些疾病的独特方法，如刮法、挑法、捏法、抓筋法、熏法、吹法、搓法、熨法、解蛇毒、医风证、草药接骨等。畲医药注重季节的疾病预防，如立春的"潭春节"各家各户关门闭户燃烧树枝、艾叶、石菖蒲涤秽浊疫气；端午节各家门槛插草蒲、艾叶；炎夏注重防暑，采集苏叶、鱼腥草、积雪草等作为防暑草药，用于茶服。

3. 传内不传外的承袭制度

畲医药疗法技术与用药均为口授为多，无文字记载，民间流传着"传内不传外，医术传男不传女，传媳不传女"的传统。畲医医术及用药技术一般只会在畲民家族内世代传承，很少外传。如景宁内知名畲医药家族雷氏家族秉承父传子的传承谱系：第一代为雷仁祥，第二代为雷意林，第三代雷正元，第四代雷茂真，第五代雷建光，父子相传，已有170年的历史。随着年代的推移，渐渐地许多畲民下山与当地的汉族人进行交往、杂居甚或通婚。畲医药也渐渐地打破以往的传承传统，传入了汉族，出现许多掌握畲族医药的汉人。

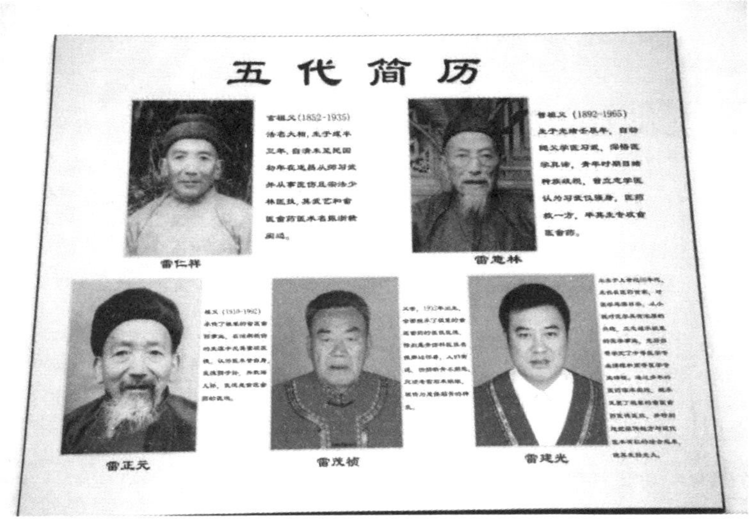

五代简历

二、文化元素核心基因提取与评价

畲族医药元素核心基因提取包含以下几个方面：一是畲医具有扶危济困、救死扶伤的崇高风尚；二是畲医具有接续传承、不断创新的优良传统；三是畲医秉承灵活变通的医药理念。

畲族医药文化基因评价表

评价项目	评价因子	评价依据（特点）	是否
生命力评价	文化基因存续的时间	自出现起延续至今，未曾明显中断	√
		自出现起延续至今，但多次衰微、中断后复兴	
		曾明显衰败，改革开放后开始复兴或历史溯源关键环节缺失，难以考证	
		文化形态主体已灭失，现存部分痕迹	
	文化基因的稳定性	在发展过程中保持相当稳定的状态	√
		在发展过程中存在明显的精神内涵、表现形式剧变	
凝聚力评价	文化基因的凝聚力及社会动员效果	曾广泛凝聚起区域群体的力量，显著推动过社会经济文化的发展	√
		曾部分凝聚起区域群体力量，对社会经济文化的发展产生过影响	
		凝聚过力量，创造过实际的发展动能，但未见对社会经济文化发展产生显著改变	
		仅在历史文献或口耳相传中存在，未见实际介入社会经济发展	

续表

评价项目	评价因子	评价依据（特点）	是否
影响力评价	辐射的范围	具有全国性、世界性的影响力	
		具有长三角区域、浙江省影响力	√
		具有市县、乡镇影响力	
	提炼的高度	已经被古代文人士大夫和当代学者提炼为精神符号和理念理论	
		单纯的样式、造型、工艺技术规范	√
发展力评价	与当代精神追求和价值观念的契合	传统文化基因得到创造性转化、创新性发展；区域革命文化基因被完整继承、广泛弘扬；区域社会主义先进文化基因成为与浙江"三个地"相适应的文化高地	√
		部分转化、部分弘扬、部分发展	
		难以转化、难以弘扬、难以发展	

说明：基因特点评价是对解码出来的基因，根据本《导则》表2的要求，围绕"四个力"逐一对表打"√"，进行定性表述

（一）生命力评价

从自然环境看，景宁地属中亚热带季风气候，温暖湿润，雨量充沛。动物资源丰富，既有大量东洋界动物群种，也有古北界种群。植物种类繁多，以苔藓、蕨类、种子类为主体，木本占主导地位，起源古老，并有复杂多样的地域特点，这为畲药发展提供了天然宝库。从社会环境看，畲族先民以刀耕火种为生，世世代代与深山老林伴，自然条件、地理条件和居住条件极为恶劣，各种传染病、地方病、寄生虫病、常见病、多发病严重威胁着畲族群众的身体健康和生命安全。畲民生活贫困，温饱都尚难解决，一旦生病无钱延医问药，又因交通闭塞、山高路陡，也难请到医生进山看病。为了生存，为了繁衍后代，面对着满目的青山和丰富的青草药资源，畲族先民通过反复的实践，在漫长的历史岁月中积累和总结了一些用青草药和其他

医疗方法来防病治病的经验，在汉医学的影响下，逐渐形成了具有自己民族特色的畲族医药。

（二）凝聚力评价

畲族医药在雷后兴、雷建光等当代知名畲医的带领下，不断传播和发展，获得了良好口碑。雷建光以振兴畲医药事业为己任，发动广大群众参与保护抢救畲医畲药的行动，在诊所设立了"畲药标本"专柜，介绍常用畲药的功效，投资创办"畲药展示馆"，常年展览常用畲药240余种，具体介绍各种畲药的种植、培育、采集、制作和作用。畲族医药经过上千年的传承和创新发展，逐渐从一门技艺成为一个医药产业，在健康产业繁荣发展的大背景下，具有一定的产业发展潜力。

（三）影响力评价

2007年，丽水市畲族医药研究会申报的"畲族医药"项目被批准列入第二批浙江省非物质文化遗产代表性项目名录；2008年6月，畲族医药（痧症疗法）又被列入第二批国家级非物质文化遗产代表性项目名录。畲族医药"非遗"项目代表性传承人雷建光，继承和发展了祖辈的畲医畲药事业，在保持传统特色疗法的基础上，做到不断创新，中西医结合。雷建光被浙江省卫生部门破格批准为"执业中医师"，其展品荣获"首届中国（浙江）非物质文化遗产博览会铜奖"。丽水市中医院院长雷后兴主编的专著《中国畲族医药学》为抢救和保护已濒临失传的畲族医药作出突出贡献、为传承畲族医药提供了极为宝贵的资料，使畲族医药跻身于我国民族医药行列。

（四）发展力评价

畲药通过生物技术直接生产药用有效成分，借助于酶工程、基因工程、细胞工程、发酵工程等现代生物技术进行天然活性物质的生产和加工，实现对珍稀濒危传统畲药的保护和增殖，大规模、高品质的开发和提取地道药材及药用活性成分，促进畲药的现代化发展。畲族地区的传统道地药材、野生药材采集量极少，采取家种栽培方式扩大畲药产量。因地制宜，选择优良品种，建立畲药栽培技术规范，根据市场需要，建设一批道地的、大宗畲药药材的规范化种植基地。畲族医药不仅在历史上为畲族的繁衍生息作出了贡献,至今仍因地制宜直接为广大人民群众的健康服务,以其独特疗效作为防病治病的重要卫生资源,发挥积极作用,成为中国特色医药事业不可缺少的内容之一。

三、文化元素核心基因保存

景宁畲医畲药展示馆是畲族医药最重要最集中的存放地，里面陈列了许多畲族医药医疗器械、制作工具和生产原料及其相关的文献资料，位于景宁县东坑镇黄山头村，室内展出面积300平米，室外800平方米，有200多个畲药腊叶标本（草本）和300多个栽培标本，展出黄山头村畲医药发展史。

就保护措施而言，近年来景宁投入人力、物力和财力，加大畲族医药的保护力度，一是通过发掘、整理，对畲族医药资源进行分析，认真做好口传心授散落在畲族民间的医药资料收集；二是实行畲族药材原产地保护，研究未来畲族医药的可持续利用，需要采取的政策保护措施等；三是协助政府畲医药文化的保护和发展。

就相关研究著作而言，雷后兴等主编的《中国畲族医药学》（中国中医药出版社，2007），宋纬文等主编的《三明畲族民间医药》（厦门大学出版社，2002），沈晓霞等编著的《中国畲药植物图鉴》（浙江科学技术出版社，2019）较具代表性。

近年来，畲族医药引起了学术界的广泛兴趣，研究成果丰硕，代表性研究成果有：《从文献角度看我国畲族医药的发展及研究现状》（中国乡村医药，2019），《浙江畲族医药民俗探微》（中国民族医药，2009），《对畲族医药产业化发展若干问题的思考》（中国药业，2007），《畲族医药民俗述论》（中央民族大学学报，2003）。

传师学师

畲乡景宁　景宁文化基因

传师学师

畲族"传师学师"又称"做阳""做聚头"等，原是畲族民间流传了七百余年的原始宗教祭祀典礼，早年在浙江畲族地区普遍盛行。主持仪式的法师（本民族祭师）跳的舞蹈，1987年在景宁畲族自治县召开的省、地畲族民间舞蹈采编会上，经老艺人讨论决定统一称为"传师学师"。

"传师学师"的整个过程是畲族法师向学师的弟子进行传师。以畲族独特的舞蹈形式演绎学过师的人带领要学师的"弟子"克服重重困难，坚忍不拔到闾山学法而归的过程。畲族崇拜本民族始祖龙麒，传说龙麒因帮助高辛帝平息了外患,敕封忠勇王,娶三公主为妻,后因不愿在朝为官,携带公主迁居广东潮州凤凰山,先后生下三男一女:长子姓盘,名自能;次子姓蓝,名光辉;三子姓雷,名巨佑;女儿招婿姓钟,名志琛,由此繁衍成为人口众多的一个民族——畲族。这个传说至今仍家喻户晓,盛传不衰,和畲族长篇史诗《高皇歌》的内容及畲族宗谱的记载基本一致。研究和保护"传师学师",对于保护和传承畲族文化具有重要的学术价值和现实意义。

一、文化元素分解

（一）物质要素

"传师学师"的物品充满神秘的宗教色彩。主持祭祀仪式的法师共12人：东道主、正坛师、保举师、度法师、引坛师、鉴坛师、净坛师、哈老师、东皇公、本师公十人均是男子，除了保举师戴"相公帽"，穿镶蓝色布边黑色长"乌兰"衫外，其余戴"头冠"，穿镶蓝色布边红色长"赤衫"；"西皇母"（女，也称皇母娘），高髻垂缨，戴头箍，着绿衣红裙，脚穿图案花鞋，围栏腰，束花带；双伴（女，西皇母的伴随者，年龄较小），装饰与西皇母相似。"传师学师"以龙角、灵刀、扁鼓、铃钟等道具的吹、摇、击、转、乐声烘托气氛，舞者刚健有力，粗犷而朴实。据记载："……如有长腰木鼓，长笛短吹，男女连声唱歌……。"畲族最早像瑶族、苗族一样也有长腰木鼓和长笛等民族乐器，在长期的迁徙当中逐渐失传。现在所用的乐器有：板胡、二胡、笛子、铃钟、木鼓等。

所伴奏的音乐一般都是当地汉族流传的民间小调加上铃钟、龙角、灵刀、锣鼓等打击乐器。

（二）精神要素

"传师学师"是经由成人礼仪式的祖先崇拜，是畲族独特的文化传承的途径。畲族16岁的男子，须学师方为人，称"红身人"或"成大人"。学过师的人终身吉祥如意，生时能为人传师，死后并能升天为官，未学过师的畲族男子被称为"断头师"，是不体面的。据《建德县志》载："祭祖一次者，准穿红色衣，其子又祭祖一次，准穿青色衣，级分之大小，以祭祖多寡为断。"学过师的人，以"法"取法名（如法旺、法兴、法堂等），把法名和"传师学师"的日期写在一块红色布条上，结在祖杖下端，表示学师者为龙麒的嫡系后裔，获赐尊称，准穿红赤衫，允许当法师并享有一定的社会地位。畲族人民把"传师学师"作为崇敬龙麒、教育后代怀念祖先而世代相传的一种祭祀活动。他们把龙麒生平形象绘画成卷，称为"长连图"祀奉甚虔。"传师学师"是以神话传说为依据，崇敬祖先为心愿，在图腾崇拜与宗教生活中逐步形成的一种祭祀仪式。畲族人民在长期的迁徙和反抗压迫的历史发展中往往通过"传师学师"活动来保持本民族的稳定性和独立性，通过这一仪式来增强本民族的凝聚力。"传师学师"经过了七、八百年依然能在畲族民间当中流传，在畲族人民当中具有深刻的影响力。

（三）语言和象征符号要素

"传师学师"无论在舞蹈形式、道具使用还是唱词吟唱上都体现出了本民族的宗教信仰和民族意识。舞蹈模拟祖先刀耕火种的狩猎生活，配合法师执铃刀、龙角及鼓、铃作伴舞，声音洪亮，节奏清晰，构成了畲族"传师学师"的典型环境，也点明了背景。法师的唱词高亢、铿锵，音调古老，歌舞融合，表达了畲族崇敬祖先的心愿，唤起人们对龙麒的怀念，激发了畲族人民紧密团结的斗争精神。"传师学师"作为非语言文字的人体动态文化现象，以它的歌舞形式成为了维系这个氏族繁衍、生存、发展的纽带，是畲族文化价值的特殊符号。在此歌舞的仪式中，人类精神得到寄托，情感得到宣泄，关系得到融洽，社会的伦理道德、除恶扬善、尊老爱幼等思想渗透到每一个人的心理，畲族文化通过"传师学师"代代相传。

（四）规范要素

"传师学师"程序的每一步都蕴含寓意。"传师学师"仪式需要在厅堂悬挂祖先画像，在神案竖立祖杖和烛台香案，全程借助祖簿、香炉、龙角、铃钟等象征物件进行展演。"传师学师"仪式主要分为三个阶段：第一个阶段是学师弟子拜天地、祖师和本师公，表明对祖先和前辈的尊崇情感和自身学师资格的具备；第二个阶段是设"传师学师"坛，在中堂设法坛，把神水、衣冠和龙刀传给学师的弟子，象征先祖谋生技能的传授，使其受到祖先的庇佑；第三阶段是弟子学师，学师弟子主要演绎始祖龙麒坐龙坛、过九重山、五岳山，习得"法"，最后行乞归家的过程。全过程在东道主、本师公、证坛师、保举师、引坛师、度法师、监坛师、净坛师、专职师、哈老师、东皇公和西王母12位法师的带领下举行，围绕畲族起源、始祖龙麒的伟大功绩和学法过程进行情节编排，通过舞蹈进行演绎。学师之后，需要对学师者新取一个法名，将法名和学师日期写在一条红布上系在祖杖上，象征学师者正式进入始祖龙麒的子孙行列，受到祖先的庇佑。

二、文化元素核心基因提取与评价

"传师学师"象征着责任和期望的传递。畲族男子只有举办了"传师学师"仪式,学师者感受到祖先艰苦奋斗、不畏艰险、勇于担当等传统价值观念的历史教育,才能得到畲族村落内部成员的认可和尊重。"传师学师"仪式是家人和村落给予的一种责任传递,它蕴含着畲族前辈对晚辈代代相传的一种社会教育和族群期望。

畲族传师学师文化基因评价表

评价项目	评价因子	评价依据（特点）	是否
生命力评价	文化基因存续的时间	自出现起延续至今，未曾明显中断	
		自出现起延续至今，但多次衰微、中断后复兴	√
		曾明显衰败，改革开放后开始复兴或历史溯源关键环节缺失，难以考证	
		文化形态主体已灭失，现存部分痕迹	
	文化基因的稳定性	在发展过程中保持相当稳定的状态	√
		在发展过程中存在明显的精神内涵、表现形式剧变	
凝聚力评价	文化基因的凝聚力及社会动员效果	曾广泛凝聚起区域群体的力量，显著推动过社会经济文化的发展	
		曾部分凝聚起区域群体力量，对社会经济文化的发展产生过影响	√

续表

评价项目	评价因子	评价依据（特点）	是否
凝聚力评价	文化基因的凝聚力及社会动员效果	凝聚过力量，创造过实际的发展动能，但未见对社会经济文化发展产生显著改变	
		仅在历史文献或口耳相传中存在，未见实际介入社会经济发展	
影响力评价	辐射的范围	具有全国性、世界性的影响力	
		具有长三角区域、浙江省影响力	
		具有市县、乡镇影响力	√
	提炼的高度	已经被古代文人士大夫和当代学者提炼为精神符号和理念理论	√
		单纯的样式、造型、工艺技术规范	
发展力评价	与当代精神追求和价值观念的契合	传统文化基因得到创造性转化、创新性发展；区域革命文化基因被完整继承、广泛弘扬；区域社会主义先进文化基因成为与浙江"三个地"相适应的文化高地	
		部分转化、部分弘扬、部分发展	√
		难以转化、难以弘扬、难以发展	

说明：基因特点评价是对解码出来的基因，根据本《导则》表2的要求，围绕"四个力"逐一对表打"√"，进行定性表述

（一）生命力评价

畲族"传师学师"在历史的变迁中虽然有起有伏，但由于其坚韧的民族生命力，与畲民生活、劳动紧密相连，始终生生不息。解放前，由于畲族没有文字，只能通过口口相传的方式来进行代际教育，"传师学师"仪式是畲族社会进行社会教育的一种重要方式。新中国成立后，在正式场合已鲜有公开举行"传师学师"仪式。在安亭上寮村等偏僻的畲族村落，山地农耕的封闭生存环境和传统习俗的路径依赖，使"传师学师"仪式得以保持传承。改革开放之后，"传师学师"仪式逐渐恢复。在这一时期，仪式的恢复不是简单的文化复制，已经发生

了变迁。"传师学师"逐渐从一个畲族族群共有的民间传统习俗信仰演变成对外展示的名片和经济发展的载体。由于畲族以大分散、小聚居的方式居住在东南沿海的欠发达地区，人口数量少，居住分散，随着下山脱贫进程的加速，居住环境的改变，畲族经济、生活的进步，畲族的语言、服饰都已"汉化"，畲族"传师学师"处于濒危状况。

（二）凝聚力评价

"传师学师"仪式提供了族群交往的平台，在举办仪式时，畲民往往从各处聚集到本宗族支系所在村庄中，进行宗谱的撰写和族群的交流。在"传师学师"仪式中，将始祖学法的过程和先辈的家规祖训进行展演，传授后辈，教导青少年从德向善。"传师学师"仪式中内含的始祖崇拜教育将全国各地的畲族人民团结在龙麒子孙的旗帜下，是反抗压迫、谋求生存的重要族群凝聚活动。在仪式营造的情境下，祖先的神圣感渲染了整个族群氛围，畲民重拾始祖学法的集体记忆，起到了维系族群共同民族情感、增强族群认同感和向心力的作用。在仪式的社会规范作用下，畲族村庄团结友爱、崇德友善、睦邻团结。在畲族村庄中，遇到红白喜事或者荒年，邻里之间都会互帮互助，并且不求回报。"传师学师"仪式对个人的品行和道德的塑造，在一定程度上对畲族村庄的社会整合和秩序维护起到了规范作用。

（三）影响力评价

"传师学师"是畲族自身传统文化、少数民族民风习俗、历史风貌的具象载体之一，被列为景宁县第一批非物质文化遗产代表性项目名录。郑坑乡塘丘村被列为景宁县第一批非物质文化遗产——"传师学师"传承基地。1988年"传师学师"辑入国家重点科研项目《中国民族民间舞蹈集成·浙江卷》。1994年，日本学者到东弄考察畲族文化，并邀请景宁畲族自治县民间文化艺术团赴日本参加1994日本福井国际艺术节。2001年景宁畲族自治县代表全省参加第二届全国少数民族文艺汇演剧目《畲山风》的第一幕"冬祭"表现的就是根据"传师学师"改编，受到专家和同行的高度评价，获得创作、表演双金奖。2005年浙江省人民政府公布的《浙江省首批非物质文化遗产保护名录》以景宁畲族"传师学师"、做功德为主要内容的《景宁畲族祭祀仪式》名列其中。在2019年由景宁畲族文化工作者创作并由渤海上寮民间法师们表演的畲族传统舞蹈《传师学师》参加浙江省"非遗薪传"浙江传统舞蹈展演展评活动中荣获最高奖——"薪传奖"。在畲族音乐中，以"传师学师"为素材创作的音乐作品比比皆是。

（四）发展力评价

随着畲族村落的对外开放，"传师学师"仪式在畲民中的传承度、认同度都在逐渐下降，亟需要通过传承传统文化的方式来保护"传师学师"仪式、增强畲族的民族文化自豪感。传统社会中，畲族传统文化分散、零碎，散落于各个村庄，传播性受到一定程度限制。近年来，政府对文化的重视使得少数民族文化获得发展的契机。"传师学师"仪式在国家非物质文化遗产保护政策中获得新的发展机会、进行着文化的现代转化，"传师学师"迎来了新的发展机遇。通过挖掘畲族传统文化，建设文化礼堂、奏名学法堂、"传师学师"文物陈列馆，形成"传师学师"仪式传承的物质文化载体，向外界展示生活中的活态畲族传统文化，将"传师学师"仪式进行活态传承和弘扬。

三、文化元素核心基因保存

近年来，景宁确立了"非遗安民、非遗富民、非遗扬名"的工作理念，积极打造"畲族活态博物馆"，建设"传师学师"仪式文物陈列馆，申报了农历七月初三的"传师学师"节，在奏名学法节上，组织畲民在上寮古神广场举办"传师学师"仪式。随着政府部门大力提倡弘扬畲族文化，抢救民族民间非遗项目，除半岭村、上寮村等原本保持"传师学师"传统外，更多畲村开始对这一仪式表现出极高的热情，邀请精通这一仪式的法师来为本村的新罡弟子举办学师活动。"传师学师"的法师，在景宁畲族自治县境内估计有70余人之多，其中渤海镇上寮村约40多人，叶山头村大约5人，郑坑乡半岭村有10多人，郑坑村大约10余人，吴布村大约5人，鹤溪街道东弄村也有数人。

保护措施方面，地方财政投入经费承办全县乡镇文化员培训，召开全县畲族"传师学师"动员大会，编写《畲族"传师学师"普查知识》，承办"三月三"畲族"传师学师"研讨会等。利用浙江省文化厅专项资金开展畲族"传师学师"资源普查，申报畲族"传师学师"保护项目，申报"传师学师"传承人为省级民间艺术家，申报国家级非物质文化遗产代表性项目，建立数据库和畲族博物馆等。

研究著作方面，"传师学师"在《中国民族民间舞蹈集成浙江省卷》中以舞蹈名称的概念出现，也作为畲族传统祭祀仪式的概念出现，包括"八卦舞""狩猎舞""铃刀舞""神罡舞"等六十四段舞蹈。"传师学师"涵盖传授（法师）和学习（成年男子）两个涵义。《景宁县志》称这古老仪式为"祭祖"仪式，"畲民时而祭祖，则号为醮名，其属相贺。能举者得戴巾以为荣（即明时皂隶巾）。一举，衫则蓝，三举，衣且红，贵贱于是乎别矣"。一个氏族、部落或民族的成员举行这一仪式之后，才算是这个社会群体的正式成员。

近年来，"传师学师"引起了部分学者的兴趣，取得了一定的研究成果，代表性研究成果有：《仪式功能变迁与传统文化的现代转换——基于Z省J县畲族"传师学师"仪式的考察》（浙江社会科学，2019），《畲族"传师学师"仪式中十二师公角色扮演研究——基于浙江景宁半岭畲族村的田野调查》（浙江师范大学，2018），《论畲族传统民间舞"传师学师"文化学意义》（北京舞蹈学院学报，2007），《畲族民间舞蹈"传师学师"研究》（中国艺术研究院，2005）。

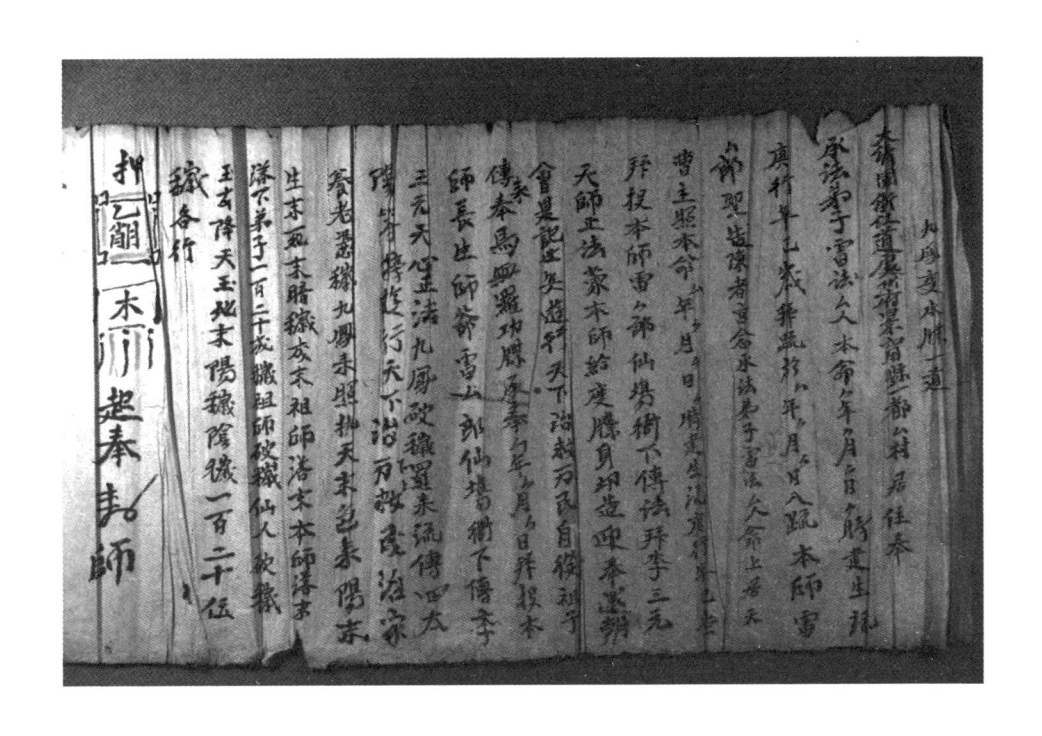

畲族饮食

畲乡景宁　景宁文化基因

畲族饮食

畲族先民长期过着刀耕火种的游耕山地农业生活，非常重视传统节日，在节日期间除酒肉必不可少外，每个节日吃什么都有一定的传统习惯。"三月三"吃乌饭，清明节吃清明稞，端午节包粽子等，各种节日都要做糍粑，成年畲民过生日除杀鸡、宰鸭外，也要做糍粑。畲家有句俗语："大人生日一臼稞，小孩生日一双蛋。"

畲族传统主食有大米和甘薯米，杂粮有麦、高粱、小米、玉米、鸭爪稗以及南瓜、马铃薯、芋头等。副食有竹笋、蔬菜、野菇、野菜、鱼、肉、蛋等。节日食品较有特色，主要有乌饭、粽子、麻糍、黄粿、立夏糊、赤豆饭等。豆腐娘是畲民招待客人最常见的佳肴，有"豆腐之母"的含义。卤咸菜主要由辣椒、萝卜、芋头、鲜笋、姜、洋姜、山姜和紫苏叶等腌制而成，其中以卤姜最具特色。畲民用于做菜的竹笋种类繁多，有雷竹、金竹、乌桂竹、石竹、牡丹竹、蛙竹等十余种。肉类方面，畲民食用最多的是猪肉，一般都用来炒菜。饮茶是畲家必不可少的生活环节，大部分以自产的烘青茶为主。畲民的酒以白酒和自家酿制的糯米酒为主，大户畲民还有一种珍贵的景宁畲族绿曲酒，通常用于敬待重要贵宾或重要节庆。畲族饮食的一些典型食品主要有：卤姜、咸菜、畲族风味菜、端午粽子（民间称牯角）、乌饭（"三月三"的节令食品）、菅叶粽、糍粑、清明粿等。

在 2017 中国畲乡"三月三"活动期间，经过网络投票、技能比武、专家评审等方式，景宁评选出了"畲家十大碗"（畲药鹅汗、千峡鱼头、工头大肉、黄精凤鸟、畲娘熬笋、酒糟畲参、金针富足、豆腐娘、畲家干菜和贡品畲菇）。2018 年 9 月，在景宁首届农民丰收节暨畲乡小吃大比拼活动中发布了"畲乡十小碟"（英川粉皮、千峡鱼丸、糯米麻糍、畲家筒饼、莲子荷包、鸬鹚鱼干、腊味菇包、香煎黄粿、九龙银丝和猪肝糊汤），这是继"畲家十大碗"之后我县评出的十个有畲乡特色的小吃。

截至 2019 年底，已有 60 多个美食品种被列入首批畲乡小吃名录，荤素搭配，品种丰富；咸甜酸辣，口感多样；蒸煮炸煎，应有尽有。2020 年 9 月 19 日，在"寻味畲乡"2020 中国农民丰收节启动仪式上隆重发布极具特色的"畲乡十药膳"（太极天元羹、紫伞仙渡斑、天麻不老鸭、白果孺子牛、草肚容天胡、骨肉醉相思、畲酒金枪鳗、憨驴戏小笋、畲山凉翡翠、银龙逗海葵）。"畲乡十药膳"是景宁继"畲家十大碗"和"畲乡十小碟"后推出的一款旅游餐饮系列特色美食，"畲乡十药膳"的推出，将进一步弘扬具有畲乡特色的餐饮文化，促进我县农旅融合的创新、发展和提高。

2020年12月29日在第六届"千峡情·渤海垂钓渔乐"休闲文化节暨千峡湖首届户外帐篷节上推出了"千峡十鱼宴"（千峡鱼头、鱼肉蒸蛋、爆炒鱼干、千峡鱼丸、酸鱼火锅、清蒸全鱼、千峡醋鱼、香酥鱼骨、鱼肉饺子、剁椒划水）。

一、文化元素分解

（一）物质要素

1. 嗜辣重咸的腌制食品

畲族饮食特点之一为嗜辣，畲民喜欢在炒菜煮食时加辣椒调味，原因在于：其一，生活贫困，缺食用油，以辣椒当油炒；其二，畲民客观居住的条件使然，居在深山，地阴气寒，吃辣能祛湿驱寒有利于健康；其三，畲民喜食河鲜、野菜，加辣调味能去腥。畲民散居于深山之中，耕山而作，日常狩猎、捕鱼以供饮食之需。为了保存食物，畲族先民特别重视腌制和腊制食品，如小鱼、泥鳅之类则烘干，大鱼则以盐腌咸再加酒糟腌制成腌鱼干，肉类则制成腊肉和腌肉，另外还有酸菜、酸辣椒、咸萝卜、酸竹笋、咸菜、霉豆、霉豆腐、笋糖、萝卜糖和洋姜糖等等。

2. 特色酿造的黄酒红酒

畲民热情好客，善饮酒，以自家酿制的黄酒或红酒待客。客人一到畲家，主人一般不先泡茶，而是捧上一大碗米酒请客人品尝，这是畲家最高的待客礼节。畲族一年四季过节日，办红白喜事，没有酒就不算过节。建房时有上梁酒，生日时要吃生日酒，定亲时要喝定亲酒，嫁女时要吃嫁女酒，娶亲时要吃讨亲酒，真可谓无酒不办事。畲民喜饮酒，也更善酿酒，白曲酿黄酒，红曲酿红酒，有悠久的酿酒历史，最早可以追溯到南北朝之前。

3.九药不如一补的食疗传统

畲族先民自古以来大多居住、劳作、生活在山区，在长期恶劣的自然环境和低下的生产条件下，为了谋求生存和繁衍生息，他们根据实践经验的积累，充分利用山区丰富的草药资源，大胆地将草药与食品配伍，创造性地开发和形成了富有民族特色和山地文化色彩的民族民间饮食文化——畲药膳。畲药膳历史悠久，民间有谚云：九药不如一补，便是这种历史生活的总结与概括。畲药膳既能增强体质、预防疾病、延年益寿，也能治疗一些急慢性疾病，涉及内、儿、外、妇、眼、五官、肛肠、骨伤等，且普及率极高，几乎家家户户都能应用。畲药膳使用，一是强调以脏补脏；二是注重人身体的寒、热属性；三是避免用药剂量大，强调药物的新鲜度，现采现用，陈年药物不用。

（二）精神要素
1.钟情大山的感恩情怀

畲族是一个聚居在半山腰上的民族，他们世代聚居在山上、劳动在山上、食源也在山上，其食源主要是大山里取之不尽，用之不竭的"山货"。他们以采集、种植山货为生，大山养育了他们，也是山货养育了他们。因此，他们特别钟情"山货"，特别钟情大山。久而久之，形成了畲族特有的"山货文化"、"大山文化"，其文化精髓就是钟情大山、热爱大山、酷爱自然。人们在品尝畲族"山货"的过程中，不断去体味大山对人类的养育之情和大山对人类的赐予之恩，逐步学会爱大山、爱自然，与自然和谐相处。

2.淳朴浓烈的好客风情

畲族是一个热情好客的民族，由于他们常年住山、吃山、用山，因而使得他们每个人的血液中都流淌着大山特有的纯朴和热情。由于山中来客少，所以只要有客人来到他们家里，他们就会尽自己之所能，热情地加以招待。畲民的"三道茶"习俗（即畲族的"一碗苦，二碗补，三碗洗洗肚"的饮茶习俗）、"以歌敬茶""以歌敬酒"以及用打麻糍和磨豆腐娘等款待客人的饮食习俗，无不体现出其饮食文化的精髓就是一个"情"字，即畲族特有的辣烫而纯朴的"食情"、热情而浓香的"茶情"、甘醇而浓烈的"酒情"和豪爽而浓郁的"歌情"。让人们从中品味的浓浓"情"字，用畲族特有的饮食之情去感染每一位客人，去点燃每一位客人的心中之情，让人们学会以情换情、以爱换爱，让社会充满"情"、充满"爱"、充满"和"。

（三）语言和象征符号要素

1. 岁时节令的饮食菜谱

畲族有许多岁时节令，如春节、元宵、清明、立夏、端午、中元、中秋、重阳、冬节（冬至）、除夕等等节日。还有正月二十的"天串节"，家家采集春菊草和糯米混蒸做糍粑；正月二十九的"拗九节"，用糯米、花生等九种食品煮粥，生年逢九者加吃两个太平蛋（鸭蛋），除晦气、祛病灾；四月初八的"牛歇节"，凌晨牵牛上山吃露水草，以泥鳅或鸡蛋泡米酒和米粥、地瓜丝粥等喂之，以酬耕作之劳；"尝新节"，又称"新米节"，"尝新福"，根据当年稻谷成熟的早或迟而定，畲民杀鸡碓馍糍，磨豆腐娘和喝米酒；立冬的"加冬节"，家家杀鸡宰羊加滋补草药炖吃，合家进补；最重要的是农历"三月三"的乌饭节，它是畲民的传统大节日，其主要活动是去野外"踏青"，吃乌饭，以缅怀祖先，故称"乌饭节"。

2. 简洁实用的器具器皿

畲族人家的桌子多为四方桌，凳子则是双人条凳（长凳）。因其每桌坐八人，而在民间被称之为"八仙桌"。畲族人最"高"的座位是上横头。上横头背后有板壁靠着，是最安全和视野最宽广的位置。畲族饮食传统的饮食器具主要有：火塘、风炉、陶罐、锅子、竹筒、陶甑、木甑、笊篱、竹刷、瓜瓢、木勺、竹勺、蒸笼、砧板、菜刀、火刀、火锹、火筒、火钳、火扇、锅圈。畲族饮食传统的盛装器皿:竹钵、竹盏、木碗、竹碟、陶钵、菜盘。这些饮食器具和盛装器皿制作材料主要以毛竹、木材和铜铁为主，体现了畲族先民靠山吃山的自然理念。风炉对于畲民日常生活尤为重要，因为畲民喜欢热食，即桌上架炉，随煮随吃，类似于今日之火锅。畲民家家户户于餐桌之上均常年备有一只小风炉。风炉置于桌中间，生以炭火，架上小铁锅或小铜锅，待汤料水煮沸后，将豆腐、青菜之类倒入，现煮现吃，别有一番滋味。

（四）规范要素

1. 尊老敬老的食俗礼仪

畲族是一个崇老、尊老、敬老的民族，所有重大的饮食活动，都体现出其民族崇老、尊老、敬老的文化习俗。"尝新"时，在祭祀天地和祖宗后，要请长辈先品尝新米饭，晚辈才可以品尝；就席时，要请长辈先就席，晚辈方可就席；就餐时，要长辈先就餐，晚辈方可就餐；敬茶、敬酒都要先敬长辈。即使在极其困难的情况下，也要烧"三合饭"，即同一饭要烧出三样饭：白米饭、薯丝米饭和纯薯丝饭，其中的白米饭专供老年人吃，充分体现了景宁畲族的"尊老食俗"。让人们在品尝畲族饮食的过程中，逐渐形成"崇老、尊老、敬老"的良好的社会氛围。

2. 大爱大孝的祭祀礼仪

畲族是一个崇尚神灵和祖宗的民族，不论是食文化，茶文化，还是酒文化，都涉及对神灵和祖宗的祭祀，无事不祭，所有的重大饮食活动都要先祭祀神灵和祖宗，方可进行，而且在祭祀中，他们特别重视"祭祀"礼俗：最好的食品、最好的绿茶、最好的美酒，都要先供奉给天地神灵和祖宗品尝，尔后方能品尝。这种"祭祀饮食"礼俗，已经成为景宁畲族的传统，畲族祭祀饮食中的礼俗文化的精髓——"大爱文化"和"大孝文化"，即爱天地、爱自然、爱祖宗、爱父母、爱民族。在品尝畲族饮食美味的同时，体会畲族特有的"大爱文化"和"大孝文化"，体味做人应该崇尚天地、崇尚自然、崇尚祖宗，让人人都学会感恩。

二、文化元素核心基因提取与评价

畲族饮食文化元素核心基因提取包含以下两个方面：一是畲族人民钟情大山、热爱大山、酷爱自然的人文理念；二是畲族人民淳朴浓烈的好客情怀。

畲族饮食文化基因评价表

评价项目	评价因子	评价依据（特点）	是否
生命力评价	文化基因存续的时间	自出现起延续至今，未曾明显中断	√
		自出现起延续至今，但多次衰微、中断后复兴	
		曾明显衰败，改革开放后开始复兴或历史溯源关键环节缺失，难以考证	
		文化形态主体已灭失，现存部分痕迹	
	文化基因的稳定性	在发展过程中保持相当稳定的状态	√
		在发展过程中存在明显的精神内涵、表现形式剧变	
凝聚力评价	文化基因的凝聚力及社会动员效果	曾广泛凝聚起区域群体的力量，显著推动过社会经济文化的发展	√
		曾部分凝聚起区域群体力量，对社会经济文化的发展产生过影响	
		凝聚过力量，创造过实际的发展动能，但未见对社会经济文化发展产生显著改变	
		仅在历史文献或口耳相传中存在，未见实际介入社会经济发展	

续表

评价项目	评价因子	评价依据（特点）	是否
影响力评价	辐射的范围	具有全国性、世界性的影响力	√
		具有长三角区域、浙江省影响力	
		具有市县、乡镇影响力	
	提炼的高度	已经被古代文人士大夫和当代学者提炼为精神符号和理念理论	√
		单纯的样式、造型、工艺技术规范	
发展力评价	与当代精神追求和价值观念的契合	传统文化基因得到创造性转化、创新性发展；区域革命文化基因被完整继承、广泛弘扬；区域社会主义先进文化基因成为与浙江"三个地"相适应的文化高地	√
		部分转化、部分弘扬、部分发展	
		难以转化、难以弘扬、难以发展	

说明：基因特点评价是对解码出来的基因，根据本《导则》表2的要求，围绕"四个力"逐一对表打"√"，进行定性表述

（一）生命力评价

从经济环境看，景宁素有"九山半水半分田"和"两山夹一水，众壑闹飞流"的自然环境，耕地比较稀缺，粮食产量不多，但是林地资源比较充足，林产品、畜产品、水产品比较丰富，为畲族饮食发展提供物质基础。从社会文化环境看，畲民自古就以饮食为重，历史积淀造就了畲民丰富的传统饮食文化，为庆祝节日，畲民往往会做一些好吃爱吃的食物。任何一个节日，都与饮食有关。畲族有一千多年的历史，形成了自己独特的节日饮食文化。在经济、生活、社会、文化多方因素的内在驱动下，畲族饮食会一直延续、传承和创新发展。

（二）凝聚力评价

畲族传统的节日饮食文化丰富多彩，体现了畲族饮食的文

化凝聚力。畲民根据不同的节日创造出不同的饮食种类,如"三月三"的乌饭。畲族饮食因地制宜,满足畲民的独特需求,力争做出最好的特色菜,体现很强的地方凝聚力。如咸菜的种类很多,主要有腌制萝卜条、菜头咸、腌制蕨菜、腌制春笋等,以前畲族人有"看咸菜相人家"的习俗,即客人来到家里,由所上的咸菜的数量、种类、味道来决定对这家人的评价。畲民大都喜食热菜,一般人家都备有火锅,以便边煮边吃,这样既能够去除山中寒冷,又能够促进交流,这样的饮食习俗大大增强了畲民的凝聚力。

(三)影响力评价

以"三月三"民族节庆、乡镇(街道)"一乡一品"文化旅游活动为平台,全年推出"畲家十大碗""畲乡十药膳""千峡十鱼宴"等订餐推广活动。举办的各类文化活动中有机融入畲乡小吃,积极组织参与全国、省市有关餐饮美食展示活动。在各类赛事活动中,畲乡小吃荣获多项荣誉,景宁获评2019诗画浙江·百县千碗工程示范县区。2019年8月20日在全市"丽水味道"创意大赛中,景宁代表队的精美畲乡小吃宴以总分第一获得含金量最高的主题特色宴一等奖。"畲乡喜饼——麻叶麻糍"获得浙江省首届畲家农家乐特色点心大赛银奖,在2019年9月上旬走进中央电视台央视综艺频道中秋特别节目《中秋大会》的录制现场向全国观众展示风采。畲乡粉皮、畲乡黄金粽和腊味菇包等畲乡小吃连续在"妈妈的味道"浙江省第二、三、四届民间巧女秀"巧女美食奖";2019年11月,畲乡粉皮在浙江省农博会上获得"2019浙江十大农家特色小吃"称号,2020年12月经各地推荐、专家评审,畲乡粉皮成为"浙江农家特色小吃百强"。"香煎黄粿"入编浙江省美食菜谱,"贡品畲菇""工头大肉"入编中国烹饪教学资源库,"畲乡乌饭""畲乡豆腐娘"被授予非遗美食菜品。2020年10月30日,畲乡粉皮、腊味菇包、畲乡喜饼等特色小吃在大均古街登上央视新闻推向全国。2021年5月2日畲乡喜饼(英川点心、麻叶麻糍)在浙江省第四届名点名小吃选拔赛中获得优秀产品奖(最高奖)。"畲家十大碗""畲乡十小碟""畲乡十药膳"更是家喻户晓,先后荣登中央、省、市、县电视台,扩大了畲乡小吃品牌文化的宣传效应，景宁畲族饮食影响力逐渐扩大。

（四）发展力评价

畲族注重从风俗习惯、历史名人、地方食材挖掘传统美食文化，开发出了以"畲家十大碗""畲乡十小碟""畲乡十药膳"为代表的系列特色菜肴。还将继续推出"畲乡十小咸""畲家十火锅""惠明十茶点"等系列"百县千碗"产品。发布了《畲家十大碗菜肴制作规范》《畲乡粉皮制作规范》等标准。根据制作标准，强化"畲乡粉皮""畲家十大碗""畲乡十小碟""畲乡十药膳"等制作技能培训。围绕"畲乡小吃"旅游美食创业，多点铺设门店，培育一批畲乡小吃样板店、星级示范店，畲家十大碗、畲乡十药膳餐饮店、畲乡小吃半成品加工厂等。申请注册"畲乡小吃"品牌商标并申请知识产权保护。设计推出品牌视觉系统，包括LOGO、《畲家十大碗》等旅游美食推广图册、旅游美食地图等，培育和推广畲族特色饮食，吸引大众热情参与，扩大畲族饮食的吸引力和发展力。

三、文化元素核心基因保存

畲族同胞散居于深山之中，耕山而作，日常狩猎、捕鱼以供饮食之需。故其饮食风俗中喜食野味、河鲜。清杨澜《临汀汇考》卷三《风俗考.畲民附》一文中录福建长汀杨睿诗云："姜薯蔌豆种山椒，叉木诛芋各打寮；夜半风腥呼野菜，强弓毒矢竟相邀。"《古田县志》亦有载：畲家"男女赴山耕作，每腰系鱼篓，捕鱼螺以为馔羹，执柴刀采薪以供粉饷"。民俗学家沈作乾在1924年发表的《括苍畲民的调查》一文中详细纪录了畲民的饮食情况："畲民的饮食以番薯为主粮、玉蜀黍次之，食米的很少。普遍用番薯切丝，掺米饮食，叫做番薯丝饭。"1929年德国学者史图博先生在景宁敕木山所见到畲民的饮食情况是："吃的非常简单，只有富裕的人家才吃得起大米饭，以甘薯为主食。每天吃两餐，很少吃三餐。"学术专著《畲族饮食文化》选择畲族饮食文化作为研究对象，著者梅松华本是景宁人，介绍了畲族饮食文化的发展历程，分门别类介绍了畲族食物、食器、茶、酒的特点。被誉为"畲族革命老妈妈"的郑坑乡钟金钗，于1936年想方设法把红军伤病员隐藏在村后岩洞里采药敷治，其夫四出猎捕野味以补养伤病员身体，不收分文，先后治愈红军30多人，从中彰显了畲族"药补"理论。

学术论文方面的研究文献:《畲族饮食道德文化元素探析》(前沿,2011),《浙江景宁畲族饮食文化旅游开发构想》(浙江师范大学学报,2010),《浙江景宁畲族饮食文化开发效益之我见》(前沿,2010),《畲族传统饮食文化初探》(福建农林大学,2013)。

畲乡山哈酒

畲乡景宁　景宁文化基因

畲乡山哈酒

人工酿酒生产活动，是在人类进入新石器时代、出现了农业之后开始的。《中国史稿》认为，仰韶文化时期是谷物酿酒的"萌芽"期，当时是用蘖（发芽的谷粒）造酒。秦汉制酒曲的技术已有了相当的发展，南北朝时制酒曲的技术已达到很高水平，唐、宋时期发明了红曲，以此酿成红酒，宋代制酒曲酿酒的技术又有进一步的发展。在发明蒸馏器以前，中国早期酿造的酒多属于黄酒，传统的白酒（烧酒），主要是蒸馏酒。中国古代制曲酿酒技术的一些基本原理和方法一直沿用至今。

畲族的酿酒历史渊源流长，古时畲民大都生活在山上，空气湿度大，故畲民喜酿家酒，用烧酒浸泡祛风湿等中草药饮之，可强身健体和预防疾病，慢慢地烧酒成了一种传统习俗。据畲族文化研究专家考证，自南北朝以后，为躲避战乱而由北方中原地带迁往南方的客家人，就是向畲族先民学习酿酒技术的。畲族酿酒文化是畲族人民智慧的结晶，是畲族文化中不可或缺的部分。

1995年，景宁创办鹤泉酒厂，2002年注册"山哈"牌商标，专门从事挖掘、研究、学习、传承畲族先民酿酒技术，是景宁唯一一家"山哈酒"生产企业。酒厂酿制的"山哈酒"产品，为畲乡特色农产品。"山哈牌"竹筒酒获2002年浙江省农业博览会优秀奖，2002年丽水市首届旅游商品设计大赛优秀奖，2002年第十届中国专利新技术新产品博览会创新奖，其桶形竹筒包装、鼓形竹筒包装、鼓桶形竹筒包装2002年获国家知设产权局外观设计专利证书，2003年"山哈牌"竹筒酒获得浙江省农业博览会银奖，2004年至2008年连续四次获得浙江省农博会金奖。2002年9月通过LSO9000国际质量体系认证，2005年"山哈"牌商标被确认为丽水市著名商标，2006年被市政府命名为市级重点农业龙头企业。2009年"山哈酒"酿酒技艺被列入县级非遗名录。

一、文化元素分解

（一）物质要素

1. 天然优质的酿酒原料

畲乡山哈酒采用优质高粱、小米、糯米、粳米、玉米等天然粮食酿造，酿酒用水来自纯正的山泉水，采用优质酒曲，酒缸采用江苏宜兴生产的泥缸，所有原料均有严格认证。畲乡山哈酒均为原浆原液原味，无任何添加剂。

2. 畲乡特色的外形包装

畲乡山哈酒在外形设计上具有独特风格，2002年"山哈"牌竹筒酒荣获"丽水市首届旅游设计大赛优秀设计奖""桶形竹筒酒包装""竹筒酒包装""鼓桶形竹筒酒包装"分别获得外观设计专利证书，同年还获"第十届中国专利新技术新产品博览会创新奖"。畲乡山哈酒利用畲乡丰富的毛竹，经过精心制作成竹筒包装，整个筒形似畲民担水所用水桶，筒身镶有畲民腰带条状，筒的外型有畲乡山庄图案，观赏性很强，可作工艺品收藏。2010年后进行了陶瓷瓶包装的研发生产，每种包装都充分体现民族特色，把服饰、彩带、畲字等畲族元素蕴藏其中。

3. 健康自然的保健功能

山哈酒是选用当地高山优质糯米和乌衣红曲为主要原料，

用山泉水精心双酿。采用畲山毛竹为包装材料精制而成。酒呈橙黄色，确有止渴、解乏、提神、养颜、益寿之功效，酒味甜醇和软，具有竹香味，筒内竹膜含有人体所需要竹荪素，适量饮用可增强免疫力。

（二）精神要素
1. "喝大碗酒"的民族性情

中国传统文化中，以酒相待是好客的表现，是主人对客人的尊敬。大量史料都记载"畲民嗜酒"，畲民的生活离不开酒，不但节庆之日喝酒，农忙之时喝酒，即便平日到畲家，主人都会双手捧一大碗米酒热情招待。酒风就是民风，畲民喜喝大碗酒，而且一碗酒多数是一饮而尽，体现了畲民的豪放爽快的民族性情，用畲民的话来说，他们向来是"直来直去"，说话做事不拐弯抹角，身居南方却具有北方民族的特点。

2. 丰富多彩的畲家酒俗

在畲族风俗中，节庆日、喜事之时，没有酒，就不算过节，不是喜事，不是请客。不同场合所用酒的称谓各不相同，建房时是"树寮酒"，上梁时有"上梁酒"，过生日称"生日酒"，定亲称"定亲酒"，嫁女是"嫁女酒"，娶亲是"讨亲酒"，完婚后还要请"佳期酒"，孩子出生后要办"落地酒"，祭祀祖先是"祭祖酒"，葬礼中有"讨位酒"。畲族正月十五夜，由头年家中有添子、婚嫁等喜事的人家出酒，全村各家出食物，举行聚餐乡饮、歌舞、赛拳等活动，欢庆通宵。

（三）语言和象征符号要素
1. 独特的红绿色泽

畲乡山哈酒除了传统白酒以外，还有独特的红曲酒和绿曲酒。红曲酒颜色鲜艳，给人一种喜庆热闹的感觉，寓意吉利，畲族人喜欢用红曲酒过年、赠礼，或是招待远道而来的客人。绿曲酒酒体在色泽上呈现出自然纯净的金黄兼翠绿，酒液莹澈透明，犹如深山碧玉；清新淡雅的山草香轻柔飘逸，入口顺滑，纯净清幽、成熟雅致、风格独特。

2. 精致的竹筒包装

畲乡山哈酒竹筒外形精美，包装用竹子制作而成，有竹筒、桶形和鼓形等多种外观设计，很有大自然的亲和感，十分绿色、环保。竹筒上有畲族的风景图案，体现畲族的传统风格，充满地方特色，竹筒包装是畲乡山哈酒的标志性符号。

（四）规范要素

1. 独特的酿制工艺

畲乡山哈酒为畲族特色酒，采用独特的畲族传统方法技艺酿制。与其他著名白酒相比，畲乡山哈酒也是经过粮食酿造、蒸馏的白酒，不同之处在于其独特的二次重酿，畲乡山哈酒先以优质糯米作为主要原料酿制成蒸馏白酒，第二次再以白酒当水，投入红曲再酿，经过长时间的发酵，使酒体充分吸收蕴藏深山天然作物的自然色泽和芬芳后，多次过滤自然陈化，其酒味香甜可口，色泽橙红，清亮透明。然后用酒缸储藏或低温洞藏，香气悠久、酒味醇厚。

2. 严格的工艺流程

畲乡山哈酒的酿制有着严格的工艺流程。第一步是做好基酒。畲乡山哈酒选用优质大米和乌衣红曲为主要原料，将米放水浸泡后洗净，入饭甑蒸熟，然后把米饭摊在地板上铺开散热，降温至28-35度左右倒入放好水和酒曲的酒缸，适当拌匀后即可。第二天开酒头，即用酒木柄将浮于酒缸上的饭和曲再拌匀。以后头3天每天搅动一次，之后不可再动，大约十五天左右，饭曲慢慢沉淀，待这些米曲沉淀完毕后，经蒸馏酿制成白酒。基酒酿造过程中要严格把关六道工序：一是米要新鲜；二是水要浸透；三是饭要蒸熟；四是合理投曲；五是大缸发酵；六是适时蒸馏。第二步是双酿。用糯米、红曲按上述方法重新酿制一遍，一个月后经过滤、压榨、勾兑、化验等程序装坛。第三步是储藏。将酒密封储藏于酒窖中，储藏时间越长越好。需用时装入竹筒中储藏数日，饮用时酒味醇厚、略有竹香、酣甜可口、恰到好处、风格独特。

3. 丰富的饮用方式

山哈酒性温和，在春秋气候宜人时可以在常温下浅酌慢饮。而夏季炎热时饮用宜存放在冰箱内冷藏，也可以冰镇或在酒中加冰块，饮后更感爽口宜人。在冬季寒冷之时，山哈酒可以加热温着喝，酒中还可以鸡蛋冲成蛋花酒，也可以加入话梅、红枣、桂圆、荔枝、生姜等，有滋补功效。山哈酒还可按自己的喜好，其他酒类或果汁调制鸡尾酒，也可以加入可乐、果汁等饮料，体验新奇的感受。

二、文化元素核心基因提取

畲乡山哈酒酿酒技艺文化元素核心基因提取包含以下几个方面：一是亲近自然的绿色理念，二是畲族人民热情好客的民族性情。

畲乡山哈酒酿酒技艺文化基因评价表

评价项目	评价因子	评价依据（特点）	是否
生命力评价	文化基因存续的时间	自出现起延续至今，未曾明显中断	√
		自出现起延续至今，但多次衰微、中断后复兴	
		曾明显衰败，改革开放后开始复兴或历史溯源关键环节缺失，难以考证	
		文化形态主体已灭失，现存部分痕迹	
	文化基因的稳定性	在发展过程中保持相当稳定的状态	√
		在发展过程中存在明显的精神内涵、表现形式剧变	
凝聚力评价	文化基因的凝聚力及社会动员效果	曾广泛凝聚起区域群体的力量，显著推动过社会经济文化的发展	√
		曾部分凝聚起区域群体力量，对社会经济文化的发展产生过影响	
		凝聚过力量，创造过实际的发展动能，但未见对社会经济文化发展产生显著改变	
		仅在历史文献或口耳相传中存在，未见实际介入社会经济发展	

续表

评价项目	评价因子	评价依据（特点）	是否
影响力评价	辐射的范围	具有全国性、世界性的影响力	
		具有长三角区域、浙江省影响力	√
		具有市县、乡镇影响力	
	提炼的高度	已经被古代文人士大夫和当代学者提炼为精神符号和理念理论	
		单纯的样式、造型、工艺技术规范	√
发展力评价	与当代精神追求和价值观念的契合	传统文化基因得到创造性转化、创新性发展；区域革命文化基因被完整继承、广泛弘扬；区域社会主义先进文化基因成为与浙江"三个地"相适应的文化高地	
		部分转化、部分弘扬、部分发展	√
		难以转化、难以弘扬、难以发展	
说明：基因特点评价是对解码出来的基因，根据本《导则》表2的要求，围绕"四个力"逐一对表打"√"，进行定性表述			

（一）生命力评价

畲乡山哈酒酿酒技艺是畲族人民的智慧结晶，过去由于浙西南地方生产力水平低下、文化传播方式落后、固步自封的生活观念等客观因素，畲乡山哈酒在传承中历尽沧桑、几近匿迹。畲族后人为纪念先祖，整合专家学者、畲族酿酒师等长期挖掘、整理、研发的成果，将畲族酿酒工艺进行质量和品牌提升，以传承养生文化和宏扬民族精神。随着景宁经济社会的发展，畲乡山哈酒也将散发出更强的生命力。

（二）凝聚力评价

畲乡山哈酒具有非常明显的历史特征和民族文化特征，显示了极强的文化凝聚力。一是历史特征，畲族的酿酒历史渊源流长。据传，唐永泰二年（766），景宁山区畲族人民就开始酿造绿曲酒，绿曲酒在传承中历尽沧桑，生生不息。二是民族文化特征，畲族谚语："无酒难讲话"，酒令云："三字同头左右支，三字同傍清淡酒，若是左右友，示造清淡酒，若无清淡酒，难敬左右友"。酒起着人际交往、联络感情的作用，加强了畲族人的凝聚力与向心力。酒文化是景宁畲族文化中的重要组成部分，体现着畲族热情爽快的民族性情，在畲族生活中具有重要的作用，具有极强的民族文化凝聚力。

（三）影响力评价

畲乡山哈酒品牌自1998年创建以来，深受市场和消费者喜爱，2002年获浙江省农业博览会优秀奖，2003年获得浙江省农业博览会银奖；2004年至2008年连续四次获得浙江省农博会金奖；"山哈"牌商标，2005年被确认为丽水市著名商标，一直以来保持市级著名商标称号，产品销售至北京、上海、山东、江西、河北及浙江省内杭州、宁波、温州、丽水等地，有着广泛的知名度、美誉度和影响力。

（四）发展力评价

景宁秉持"绿水青山就是金山银山"的发展理念，立足"民族"与"生态"两张金名片，紧紧抓住"全域旅游示范县"创建机遇，坚持把旅游业打造成景宁第一战略支柱产业，按照"诗画畲乡·和美景宁"总体定位，在乡村振兴的战略指引下，形成"产城融合、人城融合、景城融合、村景融合"的全域旅游发展大格局，旅游产业快速发展，游客量逐年增加。畲乡山哈酒作为景宁畲族地方特色产品和旅游纪念品，深受游客青睐，具有极大的市场发展潜力。

三、文化元素核心基因保存

就保护措施而言，景宁非常重视畲乡山哈酒酿酒技艺文化元素核心基因的保存，将畲乡山哈酒酿酒技艺列为重点保护的文化遗产。2010年景宁立项实施山哈酒异地搬迁项目，支持企业根据发展需要提出的扩大生产规模扩容改造提升的申请；2012年由景宁国土部门征用并挂牌出让红星街道岭北行政村双坑自然村老村土地作为山哈酒新的生产基地。在畲乡山哈酒品牌推广营销过程中，也给予了大量的呵护和支持，有效的实现了畲乡山哈酒酿酒技艺文化元素核心基因的保存。

据《景宁县志》记载，唐永泰二年（766），畲族从闽迁居浙西南山区时，绿曲酒也随即成为畲族长老府的养生之宝。畲乡山哈酒酿酒技艺在《畲族》《畲族风情》等著作中也有记载。相关学术研究成果不多，代表论文是《论畲族酒文化》（酿酒，2010）。

附 录

畲乡景宁 景宁文化基因

附录

经过多方征求意见和讨论分析，对景宁主要文化元素进行梳理，最终筛选出畲族"三月三"、畲族民歌、畲族婚俗、畲族彩带、畲族服饰、菇民习俗、惠明茶、大漈罐、畲族银饰、马仙信俗、畲族体育、畲族医药、传师学师、畲族饮食、畲乡山哈酒等 15 个重点文化基因，具体情况详见下表。

景宁畲族自治县重点文化基因一览表

序号	类别	项目名称	传承人	备注
1	民俗	畲族"三月三"	蓝仙兰	第二批国家级非物质文化遗产代表性项目
2	民间音乐	畲族民歌	蓝陈启	第一批国家级非物质文化遗产扩展代表性项目
3	民俗	畲族婚俗	蓝余根	第四批国家级非物质文化遗产代表性项目
4	民间手工技艺	畲族彩带	蓝延兰	第五批国家级非物质文化遗产代表性项目
5	传统技艺	畲族服饰	陈卫娟	第三批浙江省非物质文化遗产代表性项目
6	民俗	菇民习俗	吴成主	第三批浙江省非物质文化遗产代表性项目
7	传统手工技艺	惠明茶手工制作技艺	蓝华亮	第四批浙江省非物质文化遗产代表性项目
8	传统手工技艺	大漈罐制作技艺	梅明朋	第四批浙江省非物质文化遗产代表性项目

续表

序号	类别	项目名称	传承人	备注
9	传统技艺	畲族银饰制作技艺	陈家郁	第五批浙江省非物质文化遗产代表性项目
10	民俗	马仙信俗	夏昌宝	第五批浙江省非物质文化遗产代表性项目
11	传统体育	畲族体育	蓝进平	问凳：第二批浙江省非物质文化遗产代表性项目；操石磉：第三批浙江省非物质文化遗产代表性项目
12	传统医药	畲医畲药	雷建光	第二批丽水市非物质文化遗产代表性项目
13	民俗	传师学师	蓝土成	第一批景宁畲族自治县非物质文化遗产代表性项目
14	传统手工技艺	畲族饮食	—	—
15	传统手工技艺	畲乡山哈酒	—	—

"浙江文化基因丛书"后记

浙江濒海多山，古为百越之地，地少民贫。先民断发文身，披荆斩棘，筚路蓝缕，艰苦创业，卧薪尝胆，徐图自强，始稍为中原所识。山海情怀，越地长歌，独特的地理人文环境孕育出浙江艰苦奋斗、励精图治、百折不挠、勇攀高峰的地域文化性格和兼容并包、发展创新的人文精神。因以鸟虫篆、《越人歌》为表征的楚越文化交融和徐偃王流亡越地、勾践北上争霸等历史事件的发生，越地逐渐融入中原文明。及至东晋衣冠南渡，中原贤良缙绅避乱会稽，兰亭雅集、永嘉诗会，王谢风流所及，中原文化和越文化相互碰撞融合，这片神奇的土地在吸收大量中原先进文化基础上，生发出更多独具特色、丰富璀璨的文化颗粒，散点分布于浙江的山山水水之间。

隋唐以降，一条大运河通到钱塘，凡所流经之县域，皆成人文渊薮。浙东唐诗之路，如明珠嵌璧；越窑青瓷，千峰翠色风靡长安。浙江依托这条水上"高速公路"迅速崛起，在经济高效快速地融于全国的同时，也向全国展现了别样精彩的浙江文化，对中原产生巨大影响。唐末五代中原战乱之际，吴越国钱王保境安民，举世惶惶而越地独安，浙江又一次成为全国士子避祸传学之地，浙江的原生文化和中原文化水乳交融，极大地提高了浙江的人文学术水平。及至南宋定都临安（今浙江杭州），孔裔迁衢，杭州乃至浙江逐渐成为中华文化传承发展中心、全国的文化学术高地。有元一代，人文日渐凋敝，而浙江独领风骚。湖州赵孟頫成为有元一代赓续中华文脉之砥柱。赫赫有名的"元四家"，黄公望（常熟人，曾隐居富春）、王蒙（湖州人，曾隐居临平）、吴镇（嘉兴人，曾卖卜钱塘）、倪瓒（无锡人，曾浪迹太湖）在学习传承赵孟頫的文化艺术精髓基础上，各显其能，自成面目，为传承发展中华文化艺术作出了卓越贡献。明清以来，浙江士林，更为全国翘楚，文化勃兴，领袖群伦。浙江文脉渊深，有容乃大，继承发展，才俊迭起。事功之学、阳明心学、浙东学派、南戏越剧、《古文观止》、丝瓷茶剑、西泠印社、兰亭雅集等，更是中华文化中耀眼的明珠。浙东音声，渐如潮涌；黄钟大吕，照灼云霞。

晚清时期，中华危亡。辛亥鼎革，浙江文化所孕育的优秀儿女更是为中华千古未有之变局作出了重要贡献，秋瑾、徐锡麟、蔡元培、章太炎、鲁迅等，允文允武，可歌可泣，数不胜数。为全面赶上世界发展，全省各地掀起了重视文教事业、培养人才、发展经济的高潮。各类藏书楼、图书馆、新式院校纷纷创设，浙江人又一次发扬卧薪尝胆、奋力赶超的浙江精神，使浙江成为当时全国省域文化发达、人才众多的省份。

新中国成立后，浙江人励精图治，无论干部还是群众，都本着务实精神，立足现状，踔厉前行。即便在"文革"时期，浙江的经济、文化发展水平都显著好于其他兄弟省市，这和浙江人文内核的务实精神和文化基因的原生动力息息相关。改革开放以来，浙江更是勇做弄潮儿，充分发挥"四千精神"，培养人才，发展经济，以全国陆域较少、自然资源缺乏的省份，一举成为名列前茅的文化大省、经济强省。

历数千年，浙江以落后的山林草野原生文化，不断与吴楚和中原文化交融互鉴，融合创新，发展壮大，绝非历史偶然。浙江以其独特的文化基因和历史面貌正引起国内外专家学者的广泛兴趣，以期通过对浙江文化的研究来更好地理解中华文明，为中华文明的伟大复兴寻径探源，通过解析全省多点、散点分布的各类文化颗粒和文化价值观、文化形态、文化载体，系统研究、条分缕析在地文化基因和独特的文化原动力。构建中国文化基因理念体系，挖掘文化遗产背后蕴含的哲学思想、人文精神、价值观念、道德规范，是一项新课题、新任务。浙江在推动高水平文旅融合、建设共同富裕示范区的进程中，以解码文化基因为切入点，为构建中国文化基因理念体系提供地方经验。

研究浙江文化基因，就是对披着传统文化外衣的各类庸俗低俗的迷信活动加以甄别，科学分析，正本清源。以挖掘、激活浙江的优秀文化基因为抓手，推进文旅深度融合；有机整合乡村文化礼堂、农家书屋、场馆院团、城市书房等城乡文化资源，丰富群众文化活动。拓展新型公共文化空间，持续推动优质文化资源直达基层。为人民群众创造一个良好的文化大环境，强化文化自觉和文化自信；为浙江文化高质量传承发展厘清路径，为新时代浙江发展优秀的社会主义先进文化打好基础。文化兴则国运兴，文化强则民族强。文化基因的研究以及激活应用是浙江建设文化强省的重要切入点，是民智之本、百年大计。

我们要深入学习贯彻党的二十大精神和习近平文化思想，全面挖掘和激活浙江文化基因，推动新时代中国特色社会主义文化建设。以高质量发展为目标、融合发展为重点，紧扣激活优秀文化基因、提供优秀文化产品这个中心，厚植浙江经济社会发展文化软实力。

2024年1月，全省宣传思想文化工作会议提出，要全面贯彻习近平文化思想。浙江作为文化大省，肩负起新时代文化使命，在优秀传统文化的传承发展领域开展了积极的探索。我们要不断学习贯彻习近平总书记关于中华优秀传统文化的重要论述和关于文明交流互鉴的重要论述，让文化基因的研究成果走入校园、走进课堂，成为鲜活的爱国主义教育载体、生动的"课程思政"教育实践、开放的当代青少年国际视野素养培育抓手。将浙江文化基因研究成果制作成微视频"浙江文化基因"课程（双语），通过教育信息技术实现从碎片到整体、从实地到课堂、从单一到系列的 MOOC/SPOC 转换，实现浙江文化基因在青少年群体中的代际传递，助力文化基因融入当代、植根青年，实践出一条富有浙江特色的文化传承发展新路径，为中国"培养社会主义建设者和接班人"这一宏伟目标服务。

若有所成皆非易，凝心聚力要躬行。各地课题组在当地乡土专家和各地高校文史专家的鼎力协助下，进深山到大海，调研足迹遍布海滃山陬。通过田野调查、走访座谈、查阅历史卷宗、参考海量文献，历时五年形成的研究成果，凝聚了全省各地众多专家学者和乡土文化耆老的心血，他们为浙江的文化事业作出了很大贡献。致敬他们文化溯源的热忱，学习他们极深研几的精神，真诚感谢他们无私奉献的情怀。由于篇幅有限，涉及面广，无法一一详列参与者，在此一并致谢！

吴　越
甲辰年秋于杭州